Rousseau
• • • • • • • • • • • • • •
a política como exercício pedagógico

Maria Constança P. Pissarra

Rousseau
• • • • • • • • • • • • • • •
a política como
exercício pedagógico

2ª edição

 Moderna

© Maria Constança Peres Pissarra 2006
1ª edição 2002

≡III Moderna

COORDENAÇÃO EDITORIAL DA 1ª EDIÇÃO: *Maria Lúcia de Arruda Aranha*
COORDENAÇÃO EDITORIAL DA 2ª EDIÇÃO: *Lisabeth Bansi e Ademir Garcia Telles*
PREPARAÇÃO DO TEXTO: *Renato da Rocha Carlos*
REVISÃO: *Débora Lima*
COORDENAÇÃO DE PRODUÇÃO GRÁFICA: *André da Silva Monteiro, Maria de Lourdes Rodrigues*
EDIÇÃO DE ARTE/PROJETO GRÁFICO E CAPA: *Ricardo Postacchini*
DIAGRAMAÇÃO: *Cristine Urbinatti*
SAÍDA DE FILMES: *Hélio P. de Souza Filho, Marcio Hideyuki Kamoto*
COORDENAÇÃO DO PCP: *Wilson Aparecido Troque*
IMPRESSÃO E ACABAMENTO:

Dados Internacionais de Catalogação na Publicação (CIP)
(Câmara Brasileira do Livro, SP, Brasil)

Peres Pissarra, Maria Constança
 Rousseau : a política como exercício pedagógico /
Maria Constança Peres Pissarra. — 2. ed. —
São Paulo : Moderna, 2005. — (Coleção logos)

 Bibliografia.

 1. Ensino médio 2. Filosofia política 3. Política e
educação 4. Rousseau, Jean-Jacques, 1712-1778 I. Título.
II. Título : A política como exercício pedagógico. III.
Série.

05-9385   CDD-320.01

Índices para catálogo sistemático:
1. Rousseau : Filosofia política 320.01

Reprodução proibida. Art.184 do Código Penal e Lei 9.610 de 19 de fevereiro de 1998.

Todos os direitos reservados

EDITORA MODERNA LTDA.
Rua Padre Adelino, 758 - Belenzinho
São Paulo - SP - Brasil - CEP 03303-904
Vendas e Atendimento: Tel. (011) 6090-1500
Fax (011) 6090-1501
www.moderna.com.br
2006
Impresso no Brasil

● ● ● ● ● ● ● ● ● ● ● ● ● ● ●

Se é que sigo os preceitos de Platão,
nada sei, apenas suponho.

Cratinos, *Pseudopobolimeu*
(Citado por Diógenes Laércio, *Vida, doutrina
e sentenças dos filósofos ilustres*, cap. X, Platão.)

SUMÁRIO

Introdução, 08

Parte I
O pensamento de Jean-Jacques Rousseau

1 *A época e a vida de Jean-Jacques Rousseau, 12*
Contexto histórico — Rousseau e seu tempo, 12; Vida e obra — biografia comentada, 17; Cronologia, 33

2 *Da ética à política, 37*
O caminho da felicidade: uma ciência do homem, 37; Crítica da moral abstrata, 39; Crítica da dicotomia ser e parecer, 40; A idéia de natureza, 42; Influências, 42; Definição e método, 44

3 *Sociedade civil, liberdade e igualdade, 53*
Crítica da sociedade, 53; Educar o homem ou o cidadão?, 56; A educação da criança, 58; A idade da força, 61; A educação religiosa, 63; A vida adulta, 66; A ação política como um dever ser, 67; O contrato social e a vontade geral, 68; A democracia direta, 70

4 *Conclusão, 72*
Utopia rousseauniana?, 72; Um pensamento inovador, 72

Parte II
Antologia

Discurso sobre as ciências e as artes, 78
As ciências, as letras e as artes, 78; Respostas às objeções, 79

A origem da desigualdade, 80
Do estado natural ao civil, 80; A desigualdade instituída, 84

Emílio ou da educação, 85
A maternidade e a natureza, 85; A infância de Emílio, 87; Aprender um ofício, 95; Da infância para a puberdade, 98; A religião natural, 105; Os verdadeiros divertimentos, 107

Contrato social, 109
Do estado de natureza às convenções, 109; O pacto social, 110; A soberania, 112; A lei, 113; Governo, 114; Religião civil, 115; Legislador, 115

Cartas escritas da montanha, 117
Liberdade, 117

Bibliografia, 118

Introdução

Considerado por muitos o grande escritor e filósofo do século XVIII, Jean-Jacques Rousseau revela ao seu leitor uma existência fora do comum, bem como um pensamento que mesmo depois de mais de dois séculos continua a causar grande interesse. É impossível lê-lo e permanecer indiferente.

Alguns estudiosos da obra de Rousseau acreditam que seu ideário político teria caráter visionário de igualdade e liberdade, o que influenciou o sistema político e social de sua época e ainda provoca reflexão ao analisarmos nossas sociedades e suas instituições; mesmo quando não nos convence, consegue nos incomodar.

De forma inovadora para seu tempo, Rousseau defendeu idéias polêmicas. Afirmava que a educação devia escutar os sentimentos da natureza e iniciar-se pela formação do caráter. Já as desigualdades sociais foram por ele definidas como uma má "invenção humana", responsável pela ausência de direitos dos pobres e dos excluídos, ao mesmo tempo que afirmava a importância essencial da política para o bom funcionamento da democracia. Para Rousseau, a soberania pertence ao povo e só por ele pode ser exercida. Como conseqüência dessas convicções, só há um remédio para o mal representado pela vida em sociedade: a formação de uma sociedade em que todos os direitos individuais sejam respeitados.

Rosseau também denuncia o teatro como divertimento porque, em vez de colaborar para o desenvolvimento dos indivíduos, contribui para o seu isolamento. Acima do desenvolvimento tecnológico deve estar a natureza humana.

Em razão dessas idéias, foi muitas vezes chamado de contraditório por alguns dos seus contemporâneos. Porém, mais importante que acompanhar as polêmicas e ataques pessoais em que se envolveu Rousseau para melhor buscar de que lado da disputa vamos ficar é entender seu pensamento e essa assim chamada "contradição" que, como será visto ao longo do livro, espelha as contradições da época vivida por ele, em que a fruição delirante de uma liberdade plena chocava-se com a submissão do indivíduo à coletividade, presente no nacionalismo em formação.

Embora controverso e polêmico, Rousseau era um amante incondicional da verdade, por ser a única capaz de dar ao ser humano a sabedoria necessária à sua formação, como afirma nos *Devaneios de um caminhante solitário*: "A verdade geral e abstrata é o mais precioso de todos os bens. Sem ela o homem é cego: ela é o olho da razão. É por meio dela que o homem aprende a se conduzir, a ser aquilo que ele deve ser, a fazer aquilo que ele deve fazer, a tender para o seu verdadeiro fim". Alcançar seu verdadeiro fim é o mesmo que alcançar a felicidade para a qual a natureza preparou o homem, mas da qual o homem foi afastado pelo processo de sociabilidade e de desenvolvimento civilizatório.

Assim, a tarefa que Rousseau se propôs desde seu primeiro texto foi a de guiar os homens nessa busca, ou seja, guiá-los na compreensão do que é a verdadeira natureza humana.

Parte I

O pensamento de Jean-Jacques Rousseau

1 A época e a vida de Jean-Jacques Rousseau

CONTEXTO HISTÓRICO — ROUSSEAU E SEU TEMPO

Duas cidades — Genebra e Paris — estão ligadas ao nome de Jean-Jacques Rousseau. Quando do seu nascimento, o reinado de Luís XIV na França vivia seus últimos dias, não mais da maneira radiante que Versailles conhecera, mas em um clima de religiosidade e moralismo determinado pela amante do rei, Mme. de Maintenon, ao se tornar sua esposa depois da morte da rainha. O monarca francês, que representara a concretização do absolutismo, morreria em 1715. Um ano antes, na Inglaterra, iniciara-se o reinado de Jorge I, com a criação do parlamentarismo moderno, baseado na decisão da maioria.

Rousseau foi contemporâneo dos reinados de Luís XV e Luís XVI e de fatos importantes de sua época, como a Guerra dos Sete Anos, entre França e Inglaterra (1756-1763), e a Independência dos Estados Unidos (1776). Embora a Revolução Francesa seja o acontecimento histórico sempre lembrado como o mais influenciado por seu pensamento, ela só ocorreu em 1789, onze anos depois da sua morte.

Nesse período, a França era um país essencialmente agrícola, com pouca atividade industrial, ao contrário da Inglaterra que, trinta anos antes, já iniciara seu grande desenvolvimento industrial. O crescimento da burguesia, porém, embora ainda lento, começava a evidenciar a evasão das riquezas dos campos para as cidades, com um pequeno retorno de produtos manufaturados; isto é, delineava-se o conflito que permaneceria como a grande contradição do século XVIII — camponeses *versus* proprietários fundiários —, tantas vezes enunciada e criticada por Rousseau.

Nas três primeiras décadas daquele século, a prática da agricultura ainda era muito rudimentar, começando só então uma mudança positiva, com a utilização de adubos e novas pastagens, ao mesmo tempo que se introduziram novas culturas, como a do milho e a da batata, cada vez mais aceitos pela população.

Gradativamente, a agricultura tornou-se um interesse dos burgueses (que passaram a comprar terras), dos nobres (que procuravam atualizar e aperfeiçoar a exploração de suas propriedades) e dos intelectuais (que se interessavam pela reflexão sobre mudanças tão radicais).

Mas toda essa transformação trouxe uma conseqüência muito negativa para os camponeses. Aos poucos, eles foram perdendo as terras comuns, onde seu gado podia pastar. Elas foram se tornando particulares, foram cercadas, e sua propriedade e uso passaram a ser defendidos — aliás, sob o amparo da lei, de cuja promulgação os camponeses não participaram. Esse quadro injusto inspiraria Rousseau no *Discurso sobre a origem da desigualdade entre os homens*, ao discutir a formação das sociedades e sua degenerescência, decorrente do processo civilizatório: posse individual da terra, invenção das leis e formação dos governos despóticos.

Além da crescente presença no mundo rural, a burguesia continuou a desenvolver-se, embora de forma não-homogênea, pois dividia-se em burguesia de oficiais, de um lado, e burguesia comercial e manufatureira, de outro. A primeira tinha condições de aplicar seu dinheiro em negócios do Estado, comprar terras e cargos jurídicos ou financeiros que, na maior parte das vezes, davam a condição de nobre a quem os adquiria. Embora se confrontassem com o rei na disputa pelo poder, faziam-no de forma discreta, pois partilhavam das mesmas benesses. Já a segunda era formada por mercadores, artesãos, manufatureiros, ou seja, pessoas envolvidas com a produção, fornecendo matéria-prima para a sua execução e comercialização.

Todas essas transformações levaram ao que, em economia, ficou conhecido como o pensamento dos fisiocratas, defensores da livre iniciativa e da propriedade privada. Mas o desenvolvimento material e o conseqüente progresso pressupostos por essa corrente geraram conseqüências negativas para a parcela mais pobre da população, que pouco a pouco foi se tornando ainda mais pobre. Para sobreviver, os artesãos precisaram tornar-se assalariados, e os pequenos proprietários rurais passaram a ter de vender rapidamente sua colheita para saldar as dívidas contraídas com o plantio e pagar os impostos, cada vez mais exorbitantes.

Aos poucos, com o empobrecimento, o homem do campo precisou deixar sua propriedade, ir para as cidades e aceitar qualquer trabalho assalariado nas novas manufaturas ou tornar-se soldado ou empregado doméstico. A nova sociedade, burguesa e capitalista, embasada na força do dinheiro, enriquecia de forma faustosa e, na mesma proporção, criava ao seu redor um cinturão de miséria e de párias. Já não era o privilégio do nascimento que determinava o papel social de cada um, mas a riqueza de bens e o que se podia comprar.

Luís XIV pudera afirmar "o Estado sou eu", expressando assim toda a força do poder real centralizado ao redor de sua figura e por ela exercido. Com seu sucessor, Luís XV, o Estado absolutista começou a enfraquecer. Em meio à rivalidade entre os ministros e as amantes do rei, o poder passava a ser disputado também pelos novos emergentes sociais. A monarquia francesa aproximava-se rapidamente do seu fim.

Nos meios intelectuais, discutia-se cada vez mais a arbitrariedade ministerial e a fraqueza do rei e, principalmente, a necessidade de adotar um estado de direito, apoiado na lei e não na vontade absoluta — ou omissa — do rei.

Paralelamente à luta contra o absolutismo do poder temporal, também o poder clerical era questionado, por causa de seus preconceitos e fanatismo.

Embora não houvesse apenas uma única posição teórica que identificasse o que historicamente ficou conhecido como o pensamento das Luzes ou Iluminismo[1], clamava-se, mesmo que de forma diferente, contra o antigo regime, em nome de um novo tempo.

Essa nova ordem deveria encontrar um fundamento que pudesse se estender a todos e não privilegiasse apenas uns poucos bem-nascidos em famílias nobres ou poderosas. Esse princípio universal só poderia ser a natureza, que a todos deu direitos que são compreendidos à luz da razão humana e, conseqüentemente, podem e devem ser respeitados por qualquer rei. Assim, todos os filósofos iluministas são, de uma forma ou de outra, herdeiros do pensamento jusnaturalista, defensor de um direito civil que não pode se opor ao direito natural.

Enquanto isso, Genebra vivia dias de paz rodeada por magníficas montanhas e banhada pelo tranqüilo lago Léman. Essa bela paisagem parecia refletir a tranqüilidade dessa república suíça, diferentemente do resto da Europa.

Na opinião de Rousseau, que havia nascido em Genebra (ele foi o único dos iluministas a nascer numa república), existia uma contradição entre uma

---

[1] Iluminismo: movimento de idéias que teve seu apogeu no século XVIII, também chamado "Século das Luzes". A origem dessa expressão é a palavra alemã *Aufklärung*, cujo significado é esclarecimento, aclaração, iluminação. Afirmava a luta da razão (a luz) contra a ignorância (as trevas). Embora não tenha sido um movimento uniforme, havia um ponto comum e principal: a defesa do uso da razão como a única que pode conduzir os homens pelo caminho do esclarecimento e da tolerância, repudiando toda forma de autoridade religiosa e política calcada em preconceitos e não em preceitos racionais.

certa generosidade da natureza e a rígida estrutura política e social encontrada ali. Tanto assim que na dedicatória do *Discurso sobre a origem da desigualdade entre os homens*, dirigida à República de Genebra, de forma crítica ele supõe as razões morais, políticas e providenciais pelas quais gostaria de ter nascido nesse Estado, se tivesse podido escolher seu local de nascimento. Em suas razões, descreve o Estado ideal e exemplifica: "... teria escolhido uma sociedade de tamanho limitado pela extensão das faculdades humanas, isto é, pela possibilidade de ser bem governada...

Teria desejado nascer num país no qual o soberano e o povo não pudessem alimentar senão um único e mesmo interesse, a fim de que todos os movimentos da máquina tendessem somente para a felicidade comum...

Teria desejado viver e morrer livre, isto é, de tal modo submetido às leis que nem eu, nem ninguém, pudesse sacudir o honroso jugo, esse jugo salutar e suave que as cabeças mais orgulhosas tanto mais docilmente suportam, quanto mais afeitas são a não suportar qualquer outro. [...]

Teria procurado um país no qual o direito de legislação fosse comum a todos os cidadãos..."[2].

As coisas, porém, não se passavam exatamente como Rosseau afirmava. A igualdade não era um direito de todos, como se pode observar pela divisão de classes ali existente, muito bem explicitada por d'Alembert no seu artigo "Genebra" publicado na *Enciclopédia*[3].

Em Genebra, havia cinco classes sociais: cidadãos, burgueses, nativos, habitantes e súditos. Apenas a primeira tinha todos os direitos civis e políticos, e só seus membros podiam fazer parte do Conselho Geral. A segunda classe tinha comprado o direito de cidadania, mas seus membros não podiam ser eleitos para os principais cargos públicos embora pudessem votar no Conselho. Os nativos eram os filhos de estrangeiros, nascidos em Genebra. Os habitantes eram estrangeiros que tinham adquirido o direito de morar em Genebra e cuja carga de impostos era maior que a das outras classes.

---

[2] *Discurso sobre a origem da desigualdade entre os homens*, p. 217-219.

[3] O termo "Enciclopédia" é usado para identificar a Enciclopédia francesa do século XVIII, cuja organização e produção foi dirigida por Denis Diderot e d´Alembert e começou a ser publicada em 1750 com o objetivo de ser um compêndio dos conhecimentos humanos tanto sobre as artes mecânicas quanto sobre as artes liberais. Os principais intelectuais do século XVIII escreveram verbetes para essa obra.

O Conselho Geral respondia pelos atos de soberania, era o poder legislativo, e só os cidadãos com mais de 25 anos podiam fazer parte dele. Havia também o Pequeno Conselho, constituído por 25 membros das mais ricas famílias e responsável pelos atos de governo: era o poder executivo. Depois, foi instituído o Grande Conselho, mas com o tempo criou-se uma relação viciosa entre eles, principalmente porque os membros de cada um passaram a perpetuar-se no poder, nomeando-se entre si.

Assim, Genebra expressava muito mais uma oligarquia (governo de uns poucos) do que uma república (governo voltado para o bem público). Embora fosse uma cidade acolhedora aos excluídos vindos de outras regiões, a fachada padronizada de suas casas escondia consciências nobres, ciosas de seus próprios direitos civis e religiosos.

Havia duas cidades em Genebra: a alta, habitada pelos banqueiros, e a baixa, em que se encontravam os artesãos. Mas na prática seus habitantes dividiam-se em três blocos: a classe baixa, composta de operários, serviçais, mercenários e camponeses, sem qualquer direito, a classe média e a alta. O confronto principal se desenrolava entre a classe média — à qual Rousseau pertencia — e a alta.

Rousseau conheceu essa dupla realidade de perto: era contra os ricos, sentia-se solidário do povo em geral. Sua mãe, Suzanne Bernard, era filha de relojoeiro e sobrinha de um ministro, um pastor de Genebra, que acabou por adotá-la e legou-lhe sua fortuna e o privilégio de pertencer à cidade alta. Já seu pai, Isaac Rousseau, era um artesão genebrino, relojoeiro excepcional e violinista. Rousseau nasceu na cidade alta, mas, aos cinco anos, por falta de condições financeiras, sua família teve de mudar-se para o bairro popular de Saint-Gervais. Logo no início das *Confissões*, Rousseau expõe ao leitor a triste realidade dessa cisão social que cedo conheceu, ao se referir à convivência com seu primo depois da mudança: "Nós nos víamos cada vez menos. Estou convencido de que sua mãe contribuiu muito para isso. Ele era um rapaz 'da alta' e eu, mero aprendiz, não passava de um 'moleque de Saint-Gervais'. Apesar de nascidos iguais, já não havia igualdade entre nós. Freqüentar-me era rebaixar-se".

No início do século XVIII, portanto durante a infância de Rousseau, as lutas políticas em Genebra eram freqüentes e muito acirradas, principalmente porque os artesãos genebrinos não se conformavam com essa, por assim dizer, "democracia aristocrática", sobretudo quando aumentava a carga de impostos.

Houve mesmo períodos em que foi preciso recorrerem à violência, para obter o reconhecimento dos seus direitos.

É interessante destacar que esses artesãos eram homens cultos, acostumados à leitura da Bíblia e de outros livros. Certamente tinham uma rígida formação moral, decorrente da tradição calvinista, e uma estrutura familiar conservadora, em que o pai era o chefe e a mãe ocupava-se dos afazeres da casa e da educação dos filhos. Mas tinham grande consciência da própria liberdade e lutavam com coragem por sua independência e por seus direitos.

VIDA E OBRA — BIOGRAFIA COMENTADA

A 28 de junho de 1712 nasceu Jean-Jacques Rousseau, filho de Isaac Rousseau e Suzanne Bernard, no nº 40 da Grand-Rue, localizada na parte alta da cidade de Genebra. Em conseqüência do parto, a 7 de julho sua mãe faleceu, e Rousseau foi entregue aos cuidados de sua tia, Suzanne Rousseau.

Alguns anos depois, seu pai, atravessando sérias dificuldades financeiras, mudou-se com a família para a Rue de la Coutance, do outro lado do Rhône. Os anos seguintes foram de fértil convivência entre pai e filho, buscando ambos relembrar a presença da mãe pela leitura dos livros por ela deixados, principalmente os grandes historiadores e moralistas, mas também alguns romances[4]. Infelizmente, em 1722, depois de uma briga com um capitão aposentado, Isaac Rousseau deixou Genebra para instalar-se em Nyon, casando-se novamente em 1726. Jean-Jacques e seu primo Abraham Bernard foram enviados para Bossey aos cuidados do pastor Lambercier, onde ficaram por dois anos.

De volta a Genebra daquele que chamou seu primeiro exílio, Rousseau foi morar com seu tio Gabriel Bernard, ao mesmo tempo que seguiu para Masseron a fim de aprender o ofício de escrivão, não tendo se saído muito bem; depois, foi enviado a Abel Du Commun, mestre gravador, que devia ensinar-lhe o ofício "e criá-lo e instruí-lo sob a crença a Deus". Nada aprendeu a não ser humilhações.

Então, em uma tarde de março, quando voltava de um passeio, encontrou as portas da cidade fechadas e resolveu deixar Genebra. Depois de vagar ao redor dos muros da cidade, seguiu para Confignon, onde recebeu do pároco

---

[4] No livro I das *Confissões*, Rousseau relata com detalhes esses primeiros anos de sua vida.

Pontverre uma carta de recomendação, que o apresentava a Mme. de Warens, em Annecy. Ele foi ao seu encontro em 21 de março de 1728, um Domingo de Ramos, e ela decidiu enviá-lo a Turim para que ele abjurasse a religião protestante, fazendo-o batizar em 23 de abril com o nome de Jean-Joseph Rousseau. Durante três meses permaneceu como lacaio de Mme. de Vercellis, quando ocorreu algo que ele lamentaria por toda a vida: Rosseau furtou um pente de cabelo, e a cozinheira Marion foi acusada.

Novamente em Annecy, instalou-se junto a Mme. de Warens no ano de 1729; depois, passou dois meses no seminário dos Lazaristas, percebendo afinal que não era essa sua vocação. Como demonstrava algum talento como cantor, Mme. de Warens inscreveu-o como professor de coro infantil na catedral de Annecy, cujo maestro era Le Maistre. No mês de abril do ano seguinte acompanhou Le Maistre a Lyon, mas o abandonou em meio a uma crise de epilepsia para voltar a Annecy; Mme. de Warens, porém, já tinha partido para Paris.

Pouco tempo depois, para superar a solidão, acompanhou Anne-Marie Merceret, camareira de Mme. de Warens, até Fribourg. No caminho, ao passar por Nyon, encontrou seu pai já casado pela segunda vez. Deixou então sua parceira de viagem em Fribourg e dirigiu-se para Neuchâtel e Lausanne. Nessa região por ele tão apreciada, passou o inverno de 1730-1731 ministrando aulas de música. Como havia reencontrado um jovem músico, Venure de Villeneuve, que conhecera em Annecy, resolveu adotar em sua homenagem o nome de Vaussure de Villeneuve. No entanto, suas composições fracassaram ao ser apresentadas.

Em 1731, permaneceu três meses em Paris a serviço do sobrinho de um coronel suíço; mas ao saber que Mme. de Warens tinha deixado Paris, tomou a direção da Savóia e, depois de algumas semanas em Lyon, dirigiu-se a Chambéry para encontrá-la, começando a trabalhar no registro público da Savóia. Mas outro homem, Claude Anet, desfrutava a atenção de *Maman*, como ele a chamava, e no ano seguinte Rousseau voltou a ensinar música.

Apesar desse desencontro, dois anos depois tornou-se o preferido de Mme. de Warens; aproveitou também esse período para usufruir a convivência com os amigos dela e assim informar-se das principais questões da época. Ao mesmo tempo compôs pequenos textos, como *Essai sur les événements importants dont les femmes ont été la cause* [Ensaio sobre os acontecimentos importantes dos quais as mulheres foram a causa], *Chronologie universelle ou histoire générale des temps depuis la création du monde jusques à présent* [Cronologia universal ou história dos tempos desde a criação até o presente] e *Narcisse ou l'amour de lui-même* [Narciso ou o amor de si mesmo]. Entre 1735 e 1736, passaram uma temporada nas Charmettes, perto de Chambéry, na casa Noëray.

No ano seguinte, Rousseau atingiu a maioridade pela lei genebrina. Na véspera dessa data, sentiu-se morrer, chegando a redigir um testamento, mas não morreu e pôde receber a herança materna... Aos poucos, percebeu que novamente alguém — Sr. Wintzenried — ocupava seu lugar junto a Mme. de Warens. Isso o deixou doente e, usando o nome de Dudding, foi consultar o Dr. Fizes em Montpellier, onde teve uma breve aventura com Mme. Larnage.

Não conseguindo ser reconhecido e sem dinheiro, a melhor alternativa foi voltar para as Charmettes, onde até o ano seguinte permaneceu sozinho, lendo e estudando como autodidata tratados matemáticos, ensaios filosóficos e livros de educadores. Começou a se interessar pelas plantas e pelas flores que encontrava nos campos onde passeava para se distrair do estudo rigoroso. Aos 28 anos de idade, ainda não estava definida sua trajetória.

Entre 1740 e 1741, tornou-se o preceptor dos filhos do Sr. Mably, preposto geral em Lyon — tarefa entediante e difícil, só compensada pela companhia da Sra. Mably. Compôs *Projet pour l'education de M. de Sainte-Marie* [Projeto para educação do Sr. Santa-Maria], em que criticava os métodos de educação então adotados e propunha uma pedagogia apoiada em três princípios: formar o coração, formar o julgamento e formar o espírito. Ao final desse período foi demitido pelo Sr. Mably e seguiu para as Charmettes, onde ficou até 1742, voltando então para Lyon onde escreveu algumas epístolas e a ópera *La découverte du nouveau monde* [A descoberta do novo mundo]. Continuou seus estudos, ao mesmo tempo que preparava um novo sistema de anotação musical, lido nesse mesmo ano em 22 de agosto na Academia das Ciências de Paris sob o título *Projet concernant de nouveau signes pour la musique* [Projeto concernente aos novos símbolos para a música]. Embora seu projeto tenha sido julgado bom, os membros da Academia definiram-no como "nem novo nem útil". Um grande músico da época — Rameau — propôs a Rousseau algumas mudanças que ele acatou por entender que partiam de uma autoridade musical. Como morava próximo à Sorbonne, em Paris, passou a ir aos cafés e salões freqüentados pelos intelectuais da época, como Diderot. Vivia uma nova fase de sua vida, muito mais produtiva e dinâmica, em contato com uma capital da qual ele agora conhecia tanto o lado rico, com salões reluzentes e magnífica arquitetura, quanto o lado pobre, com seus bairros sujos de pequenas casas amontoadas.

Beneficiando-se do ambiente musical parisiense — embora este fosse hostil ao seu método de anotação musical —, conseguiu publicar sua *Dissertation sur la musique moderne* [Dissertação sobre a música moderna] e *Epître à M. Bordes* [Epístola ao Sr. Bordes]. Na mesma época, conheceu o Sr. Dupin, conselheiro do rei, sua jovem e bela esposa Mme. Dupin e seu filho. Ao conhecê-la, Rousseau impressionou-se profundamente. Esse fato causaria grande irritação no Sr. Dupin, que o demitiria pouco depois.

Convidado pelo Conde de Montaigu, Rousseau aceitou o cargo de secretário da embaixada francesa em Veneza, aonde chegou a 5 de setembro de 1742, passando por Lyon, Marseille, Gênova, Milão e Pádua. Apaixonado pela música italiana, mas desentendendo-se com Montaigu por julgá-lo detentor de uma inteligência medíocre, preocupado apenas com o trabalho rotineiro do serviço diplomático, deixou a embaixada em 22 de agosto de 1743, voltando a Paris. Ao retornar, deparou com algumas dificuldades de adaptação, passando muito tempo fechado no hotel São Quentin; consolava-se tentando acabar sua ópera *Les muses galantes* [As musas galantes]. Quando foi encenada, essa ópera teve o duque de Richelieu como espectador, que solicitou a Rousseau que retocasse o texto de uma comédia em forma de balé de Voltaire e Rameau, *La princesse de Navarre* [A princesa de Navarra]. Depois de Voltaire ter revisado seu próprio libreto, a comédia foi apresentada em 22 de dezembro de 1745 com o nome de *Les fêtes de Ramire* [A festa de Ramiro]. Foi nesse ano de 1745 que conheceu aquela a quem se ligaria, mesmo que de forma inconstante, até o final de sua vida: Thérèse Levasseur, uma jovem empregada encarregada da roupa branca das casas. Nessa mesma época conheceu Condillac e d'Alembert.

Entre 1746 e 1747, passou uma temporada em Chenonceaux, como secretário de Mme. Dupin, fazendo um bom trabalho apesar da conflituosa convivência anterior. Aproveitou essa nova estada no castelo para compor *L'allée de Sylvie* [A alameda de Sílvia]. Nessa mesma época nascia seu primeiro filho. Rousseau o enviou ao Orfanato das Crianças Abandonadas[5], ou porque esta era uma prática comum no século XVIII, ou porque tinha outras tarefas que o atra-

---

[5] O Hospice des Enfants-Trouvés correspondia àquilo que entre nós ficou conhecido como a "roda dos expostos" ou "da misericórdia", ou simplesmente "roda", local onde se abandonavam as crianças à caridade pública para serem adotadas. A expressão decorre de uma outra, "roda de convento", espécie de armário muito grande colocado na porta principal dos conventos com um mecanismo que permitia passar objetos de fora para dentro e de dentro para fora dos mesmos.

íam a Paris. Ainda aproveitou para compor a comédia *L'engagement téméraire* [O engajamento temerário].

Desde outubro de 1747, o editor Le Breton encarregara Diderot de dirigir a *Enciclopédia* junto com d'Alembert, e Diderot propusera a Rousseau que redigisse todos os artigos sobre música. Enquanto aguardavam que essa obra se concretizasse, Diderot, Condillac e Rousseau se reuniam uma vez por semana para jantar no restaurante Panieu Fleuri, ao lado do Palais Royal. A idéia era se revezarem na tarefa de escrever para o periódico *Le Persifleur*[6], procurando engajar-se na luta filosófica.

No ano seguinte, por meio de Mme. d'Épinay — amante de Dupin de Francueil —, conheceu a cunhada dela, Mlle. Bellegarde, pouco antes de seu casamento com o conde d'Houdetot. Também nascia seu segundo filho, igualmente entregue ao orfanato das crianças abandonadas.

Em 1749, Diderot foi preso ao publicar a *Carta sobre os cegos*, e Rousseau resolveu visitar seu grande amigo na prisão em Vincennes, região um pouco distante de Paris. Como não tinha dinheiro para alugar uma carruagem, foi a pé, levando na caminhada uma pequena merenda e um exemplar do jornal *Mercúrio da França*. Fazia muito calor, e depois de algumas horas andando sentou-se embaixo de um carvalho para descansar. Depois de comer o lanche, leu o jornal. Foi quando se inteirou do tema do concurso proposto pela Academia de Dijon para o prêmio de moral de 1750: "O restabelecimento das ciências e das artes contribuiu para aprimorar os costumes?". A seguir adormeceu. Ao acordar, percebeu que durante o sono fora tomado por uma "inspiração súbita", nas suas próprias palavras, e escreveu a *Prosopopéia de Fabricius* — que mais tarde integraria o texto com o qual concorreria ao concurso, o *Discurso sobre as ciências e as artes*. Imediatamente retomou a marcha para Vincennes. Ao chegar, mostrou o texto a Diderot, que depois de lê-lo incentivou Rousseau a concluí-lo.

Uma vez terminado, esse texto foi apresentado à Academia e obteve o primeiro lugar no concurso daquele ano. Após ser premiado pela Academia de Dijon, o *Discurso sobre as ciências e as artes* foi publicado em 1750.

O sucesso foi imediato. Seu texto era lido e comentado por muitos intelectuais da época, como Grimm, que ele conhecera havia mais ou menos um ano e com quem partilhava seu interesse pela música, bem como sua vontade de distanciar-se de Paris.

---

[6] "O zombeteiro".

Tudo parecia contribuir para o reconhecimento de Rousseau. O Sr. Francueil lhe propôs trabalhar no caixa de seus escritórios de recolhimento de impostos. Mas o sucesso e as fortes emoções pareciam, sempre, fazer reaparecer alguma de suas doenças: crises esporádicas de cálculos renais, infecções urinárias...

Em 1751 deixou o cargo de secretário e o de caixa, voltando à tarefa mal remunerada de copista de música. Nascia seu terceiro filho, cujo destino seria o mesmo dos anteriores. Sobre isso, escreveu uma carta a Mme. de Francueil, procurando justificar-se.

Após o *Mercúrio de França* ter publicado uma síntese do seu *Discurso*, publicou também duas refutações do texto: uma anônima (atribuída ao rei da Polônia) e outra do Sr. Gautier. Rousseau respondeu à primeira, depois publicou sua *Lettre à Grimm, sur la réfutation de son discours par M. Gautier* [Carta a Grimm, sobre a refutação de seu discurso pelo Sr. Gautier]. O mesmo jornal publicava o *Discurso sobre as vantagens das ciências e das artes*, pronunciado por Bordes na Academia de Lyon.

Logo publicou em 1752 a *Réponse à M. Bordes* [Resposta ao Sr. Bordes]. E instalou-se em uma propriedade de Mme. d'Épinay, conhecida como Chevrette, onde compôs a ópera *Le devin du village* [O adivinho da aldeia], encenada pouco depois para o rei e Mme. Pompadour, em Fontainebleau. Mas deixou a cidade sem comparecer a uma convocação para uma audiência com o rei, o que lhe valeu a crítica de Diderot por ter perdido a pensão real. Ao final da vida, afirmava que essa ópera foi o que mais gostou de fazer. Também nessa época sua obra de juventude *Narciso ou o amante de si mesmo* foi apresentada. Foi um grande fracasso, ao contrário do *Adivinho*.

Como cada vez mais se distanciava das idéias iluministas, decidiu escrever a *Lettre sur la musique française* [Carta sobre a música francesa], e publicou-a em novembro de 1753. Era uma época em que a música italiana e a francesa se opunham, chegando ao confronto que ficou conhecido como a Querela dos Bouffons. Como sempre, Rousseau escolhia uma posição crítica e de oposição, o que se pode perceber por uma frase da sua *Carta*: "os franceses absolutamente não têm uma música e não podem tê-la, ou, se algum dia tiverem uma, será pior para eles". As críticas ao seu texto foram veementes.

Também naquele ano o *Mercúrio da França* publicava o tema do concurso proposto pela Academia de Dijon: "Qual é a origem da desigualdade entre os homens? Ela é autorizada pela lei natural?". Para melhor responder a essa questão, Rousseau passou uma semana em Saint Germain, passeando pela floresta.

Opondo-se aos seus contemporâneos, rejeitava a aceitação da desigualdade social como natural, definindo-a como responsabilidade humana ao longo da História. Tal posição atraiu a crítica dos iluministas, e seu texto, o *Discurso sobre a origem e os fundamentos da desigualdade entre os homens*, acabou não sendo premiado. Não por acaso Rousseau dedicou-o à República de Genebra, reafirmando nessa dedicatória seus valores morais e cívicos e assinando como "J. J. Rousseau, cidadão de Genebra", forma que passara a usar quando a troca epistolar que se iniciara de forma amistosa com Voltaire em 1745, sobre o *Primeiro Discurso*, adquiriu posteriormente certo tom de hostilidade.

No ano seguinte viajou com Thérèse e Gauffecourt para Genebra; no caminho, ele e Thérèse foram visitar Mme. de Warens. Na sua cidade natal, foi reintegrado à Igreja Calvinista, após ter renegado o catolicismo. Durante essa permanência, trabalhou na composição das *Institutios politiques* [Instituições políticas] e planejou uma *Histoire du Valais* [História do Valais] e a tragédia escrita em prosa, *Lucrece* [Lucrécia]. A partir do verão desse ano, começou a trabalhar em um artigo sobre economia política que Diderot lhe solicitara para a *Enciclopédia*. Nesse artigo, Rousseau cada vez mais expressava suas idéias antagônicas ao pensamento da época, propondo um modelo de economia fundado principalmente na agricultura, ao mesmo tempo que rechaçava a indústria e o comércio por concentrarem o dinheiro em poucas mãos nas cidades, tirando-o do campo e gerando a desigualdade.

Mais uma vez, em outubro de 1754, voltava para Paris. Marc-Michel Rey, editor de Amsterdã, publicava seu *Discurso sobre a origem da desigualdade*. Algum tempo depois, enviou esse texto ao Conselho de Genebra. Voltaire, depois de o ter recebido, escreveu a Rousseau uma carta com a famosa frase: "Recebo, senhor, vosso novo livro contra o gênero humano...", à qual ele respondeu em tom coloquial, defendendo-se das acusações feitas, o que absolutamente não impressionou Voltaire.

Aos poucos, as visitas de seus amigos foram se espaçando, principalmente as de Grimm; as diferenças entre eles aumentavam, não conseguiam entender seu envolvimento com Thérèse. Igualmente, suas posições filosóficas eram cada vez mais opostas. Mme. d'Épinay, na época amante de Grimm, procurou incentivar Rousseau a não se isolar tanto e a ser menos intransigente. Todos os esforços foram em vão; cada vez mais Paris e o grupo dos *filósofos* o irritavam. Nesse estado de espírito, aceitou o convite de Mme. d'Épinay para instalar-se junto com Thérèse e seu gato em uma casa (a Ermitage, especialmente preparada para ele) localizada em um parque de sua propriedade em Montmorency, não muito longe de Paris, mas suficientemente perto do campo para deixá-lo muito mais próximo da natureza.

A partir da leitura dos manuscritos do abade de Saint Pierre, Rousseau escreveu *Extrait du projet de paix perpétuelle* [Extrato do projeto de paz perpétua] e *Polysinodie* [Polisinodia], bem como *Jugement sur la paix perpétuelle* [Julgamento sobre a paz perpétua] e *Jugement sur la Polysinodie* [Julgamento sobre a Polisinodia], expressando seus pontos de vista.

Nessa época, 1756, foram publicados os poemas de Voltaire, *Sur le désastre de Lisbonne* [Sobre o desastre de Lisboa] e *Sur la loi naturelle* [Sobre a lei natural]. Rousseau decidiu responder-lhe não mais como o aluno se dirigindo ao mestre, mas criticando-o. Escreveu-lhe então a *Lettre sur la Providence* [Carta sobre a Providência], em que recusava as idéias de Voltaire segundo as quais depois do desastre não mais era possível qualquer crença na Providência divina.

Isolado de todos, quase não recebendo qualquer visita, esse foi talvez o seu período mais fértil como pensador. Estava só, longe da agitação parisiense, mas era uma solidão produtiva. Como ele mesmo relatou no livro IX das *Confissões*, várias lembranças vieram à sua mente, permitindo-lhe perceber melhor que até aquele momento ele vivera "sem ter saboreado na sua plenitude quase nenhum dos prazeres dos quais meu coração estava ávido, sem ter dado vazão aos vivos sentimentos que nele eu sentia sozinho". Ao longo de seus passeios na região, imaginava já o perfil das personagens daquele que seria seu grande romance, *A nova Heloísa*[7], ao mesmo tempo que redigia as primeiras cartas que comporiam o texto. De certa forma, Rousseau formava em seu espírito e em seu coração aquilo que seria depois transformado em romance. Aos poucos nasciam os personagens que o constituíram: Júlia, Clara, Saint-Preux... No entanto, algo faltava para completar a trama.

Em um dia de 1757, Sophie d'Houdetot, cunhada de Mme. d'Épynay, foi visitá-lo na Ermitage. Acreditando que ela era a materialização de Júlia, a criatura ideal com quem sonhara, Rousseau apaixonou-se desesperadamente. Nessa época, Mme. d'Houdetot já era amante de Saint-Lambert, e este e seu marido estavam na guerra... Saint-Lambert, que era amigo de Grimm, soube por este, ao retornar por alguns dias a Paris, do envolvimento entre Sophie e Rousseau.

---

[7] O amor de Júlia e Saint-Preux representa o amor cortês cantado desde a Idade Média, amor ao mesmo tempo precioso e trágico.

Aconselhado por Diderot, Rousseau enviou uma carta a Saint-Lambert dizendo-se preocupado com a saúde, mas ela foi recebida com frieza. Seus amigos faziam cada vez mais comentários maldosos, tornando difícil sua permanência na Ermitage. Embora tenha ocorrido uma rápida reconciliação nas suas relações com Mme. d'Épinay e Grimm, a ruptura definitiva não tardou a ocorrer. Mesmo chamando-o de "meu urso", Mme. d'Épinay não hesitou em romper com ele ao saber de sua nova paixão.

Até mesmo com Diderot as relações tornaram-se mais difíceis quando da publicação de *Fils naturel* [Filho natural], em que este afirmava que "o homem de bem vive em sociedade, apenas aquele que é mau fica sozinho": para Rousseau, essa frase era dirigida a ele.

Paralelamente às suas dificuldades de relacionamento, aumentavam as intrigas de seus falsos amigos. Aos poucos, cada um deles foi insistindo para que deixasse a Ermitage, e em dezembro de 1757 Rosseau se instalou em uma residência praticamente em ruínas no jardim Montlouis, também em Montmorency, onde passou a dedicar-se totalmente à redação de *A nova Heloísa*, ao mesmo tempo que também escreveu algumas cartas filosóficas e morais, as *Lettres morales* [Cartas morais], que originalmente se dirigiam a Sophie d'Houdetot, embora Rousseau nunca as tenha enviado. Enquanto alguns consertos eram feitos na casa do Montlouis, Rousseau aceitou o convite do Marechal de Luxembourg para se hospedar em seu Petit-Château de Montmorency; nessa estada de três meses, compôs o quinto livro do *Emílio*.

Em Paris, o clima não era menos tenso. D'Alembert resolvera escrever um artigo sobre Genebra publicado no volume VII da *Enciclopédia*, e Rousseau o abominou, principalmente pela análise ali feita sobre a religião dos pastores genebrinos e pelo desejo de d'Alembert de instalar um teatro em Genebra. Decidiu então escrever uma resposta, publicada com o nome de *Carta a d'Alembert sobre os espetáculos*. Nesse texto, atacava o teatro, recusando sua instalação em Genebra por julgá-lo um espetáculo que não passava de mero divertimento que não traria qualquer benefício à cidade.

Essa segunda fase de sua permanência em Montmorency foi extremamente fértil. Isolado de seus antigos companheiros, dedicava-se quase em tempo integral à redação de seus textos, tendo por companhia sua fiel Thérèse, seu gato Duc [Duque] e sua gata Doyenne [Decana[8]]. Mesmo vivenciando um período mais calmo,

---

[8] Ironicamente, Rousseau dá títulos honoríficos e de nobreza aos seus animais.

não aceitou o convite feito por Malesherbes em novembro de 1759 para assinar uma coluna no *Jornal dos Sábios*, publicando dois artigos por mês.

Nesse meio tempo, começou a dedicar-se mais à reflexão sobre a educação, questão que sempre lhe fora cara e sobre a qual agora reunia mais alguns elementos depois de ter exercido algumas vezes a função de preceptor e de ser uma espécie de "consultor pedagógico" para algumas mulheres da sociedade francesa que o consultavam sobre como educar seus filhos. Iniciou então a redação do *Emílio*, em 1758, chamando a atenção para uma questão pouco importante na época, a observância e o respeito pelo desenvolvimento da criança, refletindo sobre momentos significativos de sua educação, tais como a descoberta dos sentidos, as emoções, a consciência, o pensamento, a moral, entre outros.

Ao mesmo tempo que terminava a redação do *Emílio* em 1760, começava a escrever *Do contrato social*. Simultaneamente Palissot escrevia uma comédia — *Os filósofos* —, em que Rousseau e os enciclopedistas eram ridicularizados.

A nova Heloísa, que já era vendido em Londres, começava também a ser vendido em Paris com imenso sucesso, ao contrário da censura enfrentada em Genebra. Mas as críticas continuavam a ecoar nos salões de Paris em relação à sua obra, e também em relação a Thérèse e ao abandono de seus filhos, levando-o a confidenciar a Mme. de Luxembourg sua vontade de reparar tal erro, ao mesmo tempo que lhe dava algumas indicações que permitiriam encontrar as crianças. A tentativa foi em vão.

Em maio de 1761, nosso autor acreditava-se mais do que doente: começava a se preparar para morrer. Fez um balanço da vida, organizando com os editores seus textos ainda não publicados e procurando assegurar à sua "boa Thérèse" o necessário para viver. Moulton se encarregou de reunir e publicar seus papéis, e Malesherbes garantiu-lhe a publicação de suas obras. Com a demora para o início desses projetos, começou a desconfiar de um complô: todos estavam unidos contra ele. Rey solicitou a Rousseau que escrevesse sobre sua vida para abrir suas *Obras diversas*.

Como que para explicar a crise que enfrentava, em 1762 escreveu quatro cartas autobiográficas a Malesherbes. Nelas, mais do que relatar seus problemas, falava dele mesmo, de sua vida, do que realmente pensava sobre os fatos.

Pouco depois, *Do contrato social* era publicado em abril, e o *Emílio* em maio do mesmo ano. Em Paris, o primeiro texto foi proibido pelo Parlamento. Rousseau foi avisado disso pelos Luxembourg, e logo depois o Príncipe de Conti o informou que seria preso, aconselhando-o a fugir. A princípio, resolveu ficar e defender-se, depois entendeu que era mais prudente ir para Yverdon, na Suíça. O Parlamento de Paris condenou o *Emílio* a ser rasgado e queimado, decretando também a prisão de Rousseau. Mas quando os oficiais chegaram a Montmorency ele já tinha partido, deixando Thérèse com os Luxembourg. Durante a fuga, enquanto atravessava Dijon, Dôle e Pontarlier até chegar à propriedade de seu amigo Roguin à beira do lago de Neuchâtel, escreveu um texto — *O lévite d'ephraim* [O levita de Efraim] — em que as desgraças que atingiam o jovem casal protagonista eram os infortúnios sofridos por ele.

Ao mesmo tempo, em Genebra, os dois livros eram queimados e sua prisão foi decretada. Fugiu para Berna, mas foi expulso, refugiando-se em Môtiers, no principado prussiano de Neuchâtel, onde Thérèse se juntou a ele. Sentindo-se perseguido, pediu asilo a Frederico II, rei da Prússia, que respondeu positivamente, oferecendo-lhe mesmo uma quantia em dinheiro e a promessa de construção de uma casa, ambas recusadas por Rousseau.

Em toda parte era criticado por suas obras; tanto a Igreja católica quanto a calvinista apontavam o que chamavam de verdadeiras heresias em seus textos, o que levou o arcebispo de Paris, Christophe de Beaumont, a publicar um texto intitulado *Mandement* [Mandamento], condenando o *Emílio*, ao qual Rousseau respondeu com sua *Carta a Christophe de Beaumont*. Pouco tempo depois, em novembro, também a Sorbonne publicou sua censura ao *Emílio*. Ao mesmo tempo, agravavam-se sua situação financeira e sua saúde.

Um novo e duro golpe abateu-se sobre ele quando também Genebra decidiu condenar suas obras, recusando-lhe qualquer oportunidade de defesa. Isso o levou a abdicar de sua cidadania, não mais se reconhecendo nas instituições da outrora honrada República de Genebra por julgá-las corrompidas.

Vários ataques foram lançados por alguns dos seus inimigos, como os contidos nas *Lettres écrites de la campagne* [Cartas escritas do campo], do procurador-geral Tronchin, em que o *Emílio* e *Do contrato social* eram severamente criticados; esse texto, a princípio publicado anonimamente, não passava de uma crítica encomendada pelas autoridades genebrinas. Relutante no início, Rousseau decidiu depois publicar uma resposta, escrevendo as *Lettres écrites de la montagne* [Cartas escritas da montanha], em que mantinha as afirmações dos seus textos condenados, tais como a idéia de um cristianismo tolerante e o respeito do Evangelho por parte da Igreja, discutidas no *Emílio*, além da noção defendida em *Do contrato social*, de uma democracia direta ou participativa, e da crítica à degeneração das sociedades civis por afastarem o homem do seu estado natural.

Apesar de tudo, *Do contrato social* teve boa recepção na Córsega, que em setembro de 1764 solicitou a Rosseau um projeto de constituição para seu país. A tarefa foi aceita, embora os corsos nunca tenham chegado a tomar conhecimento do assunto, em razão dos freqüentes exílios de Rousseau e das difíceis relações entre França e Córsega.

Nesse ano de 1764, com a morte do Marechal de Luxembourg, Rousseau perdia um de seus grandes aliados, amigo e protetor.

Novo golpe: Voltaire publicou anonimamente, em Genebra, *Le sentiment des citoyens* [O sentimento dos cidadãos], em que denunciava Rousseau de ter abandonado seus filhos.

Outros textos tornaram-se alvo de ataques: *As cartas escritas da montanha* foram condenadas e queimadas em Haia e depois em Paris no ano de 1765. Nem mesmo em Môtiers estava seguro: no primeiro dia do mês de setembro, o pastor de Montmollin pronunciou um severo sermão de ataque a Rousseau; como conseqüência, no dia 6 do mesmo mês, sua casa em Môtiers foi alvo de apedrejamento. Mesmo antes desse incidente, sua situação não era confortável. A cada novo ataque das autoridades, ele devia prestar contas; sua defesa foi feita com tanta convicção que o consistório de Môtiers não conseguiu chegar a nenhuma conclusão sobre seu caso. De qualquer forma, ainda tinha alguns amigos como Frederico II, que promulgou um decreto colocando-o sob a proteção do Conselho de Estado de Neuchâtel, o que o protegia da jurisdição do consistório.

Tinha chegado o momento de aceitar o convite do Sr. Rey para escrever suas memórias: *As confissões*. Para combater os ataques que vinha sofrendo, acreditava que era preciso revelar-se por inteiro, voltando-se para sua origem, seu eu, suas mais íntimas disposições de alma, relatando enfim a verdade, a única sob a qual orientara toda sua vida.

Expulso de Môtiers, refugiou-se na ilha de Saint-Pierre, no lago de Bienne, mas foi expulso em 16 de outubro pelas autoridades de Berna. A caminho de Berlim, passou por Strasbourg no final de 1765, onde foi recebido com festa, e sua ópera — *O adivinho da aldeia* — foi encenada. Em dezembro, foi ao encontro do príncipe de Conti, em Paris, onde todos queriam ver o filósofo perseguido.

Mais uma vez, alguns poucos amigos procuraram protegê-lo: prepararam sua partida para a Inglaterra no dia 4 de julho, em companhia do filósofo escocês David Hume, autor dos *Ensaios sobre o Entendimento Humano*. Instalou-se em Chiswick, onde Thérèse foi encontrá-lo. A convivência, a princípio agradável, foi sendo perturbada pelas desconfianças e excentricidades de Rousseau. Por exemplo, ele deixou de comparecer a uma recepção oficial para poder ficar com seu cachorro Sultão.

Um rico proprietário, Sr. Davenport, gentilmente cedeu-lhe uma propriedade em Wootton, enquanto Hume empenhava-se na obtenção de uma pensão do rei inglês para Rousseau.

No entanto, as brigas e as reconciliações alternaram-se com tanta freqüência entre os dois amigos que Hume decidiu publicar em outubro a *Exposé succint* [Exposição sucinta], relatando detalhadamente os incidentes dessa difícil amizade, e fez acompanhar o texto de documentos assinados por alguns dos intelectuais da época. Tal atitude aumentou ainda mais as suspeitas de Rousseau quanto ao complô, embora, em julho, ele tivesse escrito uma longa carta a Hume resumindo a relação de ambos e expondo todas as dificuldades e queixas.

O balanço final desse ano de 1766 foi particularmente difícil para Rousseau: Thérèse tinha adoecido, d'Holbach maldosamente investigava a situação financeira de Rousseau em Veneza, Voltaire empenhava-se em tornar pública sua convicção de que Rousseau nada mais fora do que um simples criado. Diante das dificuldades financeiras, mais uma vez alguém (Davenport) tentou convencê-lo a aceitar a pensão real, mas não foi bem-sucedido em seu intento, pois Rousseau impôs uma condição: não prestar reconhecimento a ninguém por tal benefício!

Embora nesse período em Wootton tenha podido se dedicar quase integralmente à redação das *Confissões*, delas afastando-se apenas quando se dedicava à botânica — sua antiga paixão adquirida e muito praticada entre os anos 1762 e 1765 —, cada vez menos sentia-se inserido nessa cidade, acabando por deixar a região em 1º de maio. Dirigiu-se então para Douvres e seguiu em 21 de maio de 1767 para Calais, na França, embora sua prisão continuasse decretada. Depois, foi para Amiens, onde o receberam de forma festiva, e a seguir para Fleury-sous-Meudon para a casa de Mirabeau. A situação de fugitivo o incomodava. Cada vez mais ele se afastava do mundo, apesar de continuar a escrever as *Confissões* e também publicar o *Dictionnaire de musique* [Dicionário de música] no final de 1767.

Como sua situação despertava insegurança, foi para o castelo de Trye, junto de seu protetor, o Príncipe de Conti, sob o pseudônimo de Jean-Joseph Renou, aí permanecendo até 10 de junho de 1768, quando foi a Chambéry, passando por Grenoble para uma visita ao túmulo de Mme. de Warens.

Deslocava-se sempre, nessas suas andanças, acompanhado de seu herbário[9] e de sua biblioteca.

A 30 de agosto desse ano, tomou uma decisão que muitos questionariam e pela qual o criticariam: casou-se no civil com Thérèse, em Bourgoin, deslocando-se no ano seguinte, em 1769, para uma fazenda nessa região, em Monquin, nos Alpes, onde redigiu quase toda a segunda parte das *Confissões*. Mas sua alma estava longe da paz almejada. Novamente sentindo o complô aumentar e mostrando-se contrariado por não poder se dedicar à composição musical, embora explorasse a região alpina para suas anotações botânicas, decidiu abandoná-la em 10 de abril de 1770 e retomar seu nome verdadeiro.

Estava decidido a voltar a Paris para acompanhar mais de perto a perseguição de que era vítima, mas que também provocara. Então instalou-se novamente na rua Plâtrière, retomando seu trabalho de copista. Todos sabiam da sua presença, até mesmo a polícia. Como não podia publicar nada, só pôde iniciar a leitura confidencial de suas *Confissões* para algumas pessoas, como o Marquês de Pezay e o poeta Dorat.

Nesse ano escreveu as *Considerações sobre o governo da Polônia*, atendendo à solicitação de Rulhière, um emissário dos Confederados de Bar que tinham se revoltado contra o rei Stanilas Poniatowski[10]. Desde o outono de 1770 recebia a visita de um conde polonês chamado Wielhorski, que ele já conhecia havia algum tempo, recomendado por amigos e também por Rulhière, e que foi procurá-lo em nome desses insurretos. Os encontros sucederam-se, sendo o texto produzido durante o inverno de 1770-1771, e o livro apresentado em junho de 1771 aos seus interlocutores. Investido do papel de Legislador, Rousseau retomou ali os princípios analisados em *Do contrato social*.

---

[9] Herbário é uma coleção de plantas secas, dispostas de forma que possam ser consultadas. Herborizar é a atividade de quem se dedica a tal coleção, recolhendo plantas vivas e catalogando-as tanto para uma coleção quanto para uso medicinal. Rousseau interessou-se pela botânica como colecionador e explorador das regiões onde viveu. Seu interesse na área teve início ainda nos jardins das Charmettes, local onde ele também se iniciou na preparação de infusões e de plantas medicinais.

[10] Desde 1764 Poniatowski era o rei eleito da Polônia, apoiado tanto pela Prússia quanto pela Rússia. Mas, certamente seduzido pelo poder, com seus atos passou a distanciar-se da classe conservadora polonesa, bem como das duas potências que o apoiavam, para engajar-se em alguns projetos liberais. A partir desse momento travou-se uma luta armada entre o rei e a oposição, que o julgava um usurpador, acrescida de alguns componentes religiosos que encobriam as verdadeiras intenções de ambas as partes.

Embora por algum tempo envolvido com as questões polonesas, continuava a viver os paradoxos de seu destino: isolado, apesar do sucesso que suas obras tinham alcançado; com poucos recursos, ainda que as vendas tivessem atingido altos números; odiado e perseguido por uns e ao mesmo tempo protegido lealmente e admirado por outros, como Bernardin de Saint-Pierre, um novo amigo muito presente nesse novo período em Paris durante o qual foi continuamente questionado por seus detratores. Somando-se a isso, a publicação das *Confissões* conseguiu o efeito contrário pretendido por seu autor: uniu todos os seus inimigos contra ele, principalmente os iluministas como Diderot, d'Alembert, Voltaire, Grimm etc. Mania de perseguição ou não, a verdade é que cada comentário feito à obra em nada correspondia às idéias de Rousseau.

Mesmo assim, lançou-se a um novo projeto: se o texto das *Confissões* escrito na primeira pessoa representava um fracasso na tentativa de explicitar suas idéias, talvez um diálogo entre Jean-Jacques e outro interlocutor — um francês — o auxiliasse nessa sua desesperada luta pela verdade. Iniciou, então, a redação dos *Dialogues de Rousseau juge de Jean-Jacques* [Diálogos de Rousseau juiz de Jean-Jacques]. Continuou também a herborizar, para se distrair do que ele mesmo chamou uma "tarefa dolorosa", iniciando em 1772 a redação de uma introdução à herborização, as *Lettres élémentaires sur la botanique* [Cartas elementares sobre a botânica], e posteriormente, em 1774, começou a redigir um *Dictionnaire des termes d'usage em botanique* [Dicionário de termos usuais em botânica], não-concluído.

Consumido por sua profunda solidão e incompreensão, em 24 de fevereiro de 1776 foi à igreja de Notre-Dame, em Paris, para depositar em seu altar os manuscritos dos *Diálogos* (como não podia confiar em nenhum dos homens à sua volta, restava-lhe apenas a possibilidade de recorrer à Providência). Mas, ironicamente, encontrou fechada a grade do coro.

Meses depois, em abril, extremamente abatido, distribuiu aos anônimos franceses que passavam pela rua uma mensagem apologética intitulada *A tout Français aimant encore la justice et la vérité* [A todo francês que ainda ame a justiça e a verdade]. Durante o verão seguinte, redigiu a *Histoire du précédent écrit* [História do precedente escrito] (os *Diálogos*).

A 2 de agosto, morria seu protetor, o Príncipe de Conti. Sentia-se só, não havia mais a quem recorrer, não havia o que esperar. Restavam-lhe apenas suas convicções que nunca abandonara, apenas a voz do coração que pela derradeira vez ele queria ouvir: lançava-se àquele que seria seu último texto, no qual reunia mais uma vez os principais acontecimentos de sua vida: os *Devaneios de um caminhante solitário*, texto dividido em partes chamadas de "caminhadas" ou "passeios" que permaneceu inacabado.

Ao final do verão, as sete primeiras já estavam prontas; a oitava foi escrita no outono, e em dezembro iniciou a redação da nona depois da publicação feita por d'Alembert do elogio escrito por Mme. Geoffrin. No ano seguinte, em 12 de abril de 1778, começou a redação da 12ª caminhada. Ao mesmo tempo, enviou um manuscrito das *Confissões* a Moultou, para ser publicado, o que só aconteceria depois da sua morte.

Preocupado com o bem-estar de Rousseau, o Marquês de Girardin convidou-o a passar uma temporada em Ermenonville, em um parque projetado por seu proprietário com a preocupação de integração entre a natureza, as casas e as pessoas. Nesse lugar tranqüilo, onde pôde dedicar-se à herborização e continuar a redação dos *Devaneios*, Rousseau passaria suas últimas cinco semanas de vida.

Rousseau faleceu a 2 de julho e foi enterrado na ilha de Peupliers. Aquele parecia um dia como outro qualquer: Rousseau caminhou, estudou música e, depois, dedicou-se à tarefa de escritor. Tudo indicava mais um dia calmo e feliz em Ermenonville, mas, antes do final da tarde, sentiu-se mal e morreu repentinamente na presença apenas de Thérèse.

Curiosamente, Voltaire tinha morrido no final de maio; ao saber do ocorrido, Rousseau teria feito um comentário curioso: "É com admirável lucidez que minha existência está ligada à sua: ele morreu, eu não demorarei a segui-lo".

No ano seguinte, o primeiro dos *Diálogos* foi publicado, bem como as *Lettres à M. de Malesherbes* [Cartas ao Sr. Malesherbes]. Em 1781 foram publicadas as *Cartas elementares sobre a botânica*. O pastor Moultou, Du Peyrou e o Marquês de Girardin publicaram os escritos autobiográficos de Rousseau em 1782. Em Genebra, foi publicada a primeira parte das *Confissões*, os três Diálogos, a *História do precedente escrito* e os *Devaneios*. Depois, em 1784, foi a vez dos *Fragmentos para um dicionário dos termos usuais em botânica*. E a segunda parte das *Confissões*, em 1789.

Nos dias 9, 10 e 11 de outubro, seus restos mortais foram transferidos para o Panteão em Paris, permanecendo, ironicamente, próximos aos de Voltaire.

CRONOLOGIA

1712 28/06: Nascimento de Jean-Jacques Rousseau, em Genebra, filho de Isaac Rousseau e Suzanne Bernard.

1722 Em conseqüência da saída de seu pai de Genebra, Rousseau e seu primo Abraham Bernard foram enviados para Bossey, aos cuidados do pastor Lambercier.

1723 Rousseau voltou para Genebra, onde foi entregue aos cuidados de seu tio materno Gabriel Bernard; dois anos mais tarde foi aprender a arte de gravador.

1728 Ao voltar de um passeio e encontrar as portas da cidade fechadas, decide deixar Genebra. Por recomendação do pároco Pontverre, apresentou-se a Mme. de Warens em Annecy, que então o enviou para Turim para que ele abjurasse a religião protestante. Foi batizado em 23 de abril com o nome de Jean-Joseph Rousseau.

1729-1730 Voltou para Annecy e entrou para o seminário, que logo depois abandonou. Viajou a seguir para Lyon, Fribourg, Lausanne e Neuchâtel.

1731 Reencontrou Mme. de Warens em Chambéry, com quem passaria uma temporada, entre 1735 e 1736, nas Charmettes.

1742 Escreveu a *Epístola a Parisot*. Foi para Paris, onde fracassou seu projeto de uma nova escrita musical.

1743 Escreveu a *Dissertação sobre a música moderna*. Começou a escrever *As musas galantes*. Freqüentou o salão da Sra. Dupin e tornou-se secretário da embaixada de Veneza.

1744 Voltou a Paris.

1745 Conheceu Thérèse Levasseur. Terminou *As musas galantes* e retocou o texto de uma ópera de Voltaire e Rameau, *As festas de Ramiro*, cuja música era de Rameau. Conheceu Diderot, Condillac e d'Alembert.

1746-1747 Compôs *A alameda de Sílvia*. Nasceu seu primeiro filho, que foi entregue ao Orfanato das Crianças Abandonadas, assim como os outros que viria a ter. Compôs a comédia *O engajamento temerário*.

1748 Nasceu seu segundo filho.

1749 Escreveu os artigos sobre música para a *Enciclopédia*. Conheceu Grimm. Foi visitar Diderot, que estava preso em Vincennes. Compôs o *Discurso sobre as ciências e as artes*.

1750 Após ser premiado pela Academia de Dijon, o *Discurso sobre as ciências e as artes* foi publicado.

1751 Nasceu seu terceiro filho. Seguiram-se várias polêmicas à publicação do *Discurso*, duas delas publicadas no jornal o *Mercúrio da França*. Rousseau publicou sua *Carta a Grimm, sobre a refutação de seu discurso pelo Sr. Gautier*. O mesmo jornal publicou o *Discurso sobre as vantagens das ciências e das artes* pronunciado por Bordes, na Academia de Lyon.

1752 Publicou a *Resposta ao Sr. Bordes*. Instalou-se na Chevrette, com Mme. d'Épinay. Compôs a ópera *O adivinho da aldeia*, apresentada no castelo de Fontainebleau, na presença de Luís XIV. *Narciso ou o amante de si mesmo* foi apresentado no Théatre-Français; foi um grande fracasso, ao contrário de *O Adivinho*. Escreveu a *Carta sobre a música francesa*.

1753 *O adivinho* foi encenado pela primeira vez. *O Mercúrio da França* publicou o tema do concurso proposto pela Academia de Dijon: "Qual é a origem da desigualdade entre os homens? Ela é autorizada pela lei natural?" Preparou o *Discurso sobre a origem da desigualdade entre os homens* para concorrer. Publicação da *Carta sobre a música francesa*.

1754 Em Genebra foi reintegrado à Igreja Calvinista, ao mesmo tempo que recuperou a condição de cidadão genebrino.

1755 *O Discurso sobre a origem da desigualdade* foi publicado.

1756 A convite de Mme. d'Épinay, instalou-se na Ermitage, na floresta de Montmorency. Escreveu o *Extrato do projeto de paz perpétua* e a *Polisinodia*, bem como o *Julgamento sobre a paz perpétua* e o *Julgamento sobre a Polisinodia*. Enviou a Voltaire a *Carta sobre a Providência*.

1758 Escreveu a *Carta a d'Alembert sobre os espetáculos*. Rompeu com Diderot. Terminou a redação de *A nova Heloísa*.

1762 O *Emílio* e *Do contrato social* foram publicados. Condenação do *Emílio* pelo Parlamento de Paris. Ao ser decretada sua prisão, fugiu para a Suíça, mas, seus dois livros foram queimados em Genebra. Expulso de Berna, refugiou-se em Môtiers, distrito de Neuchâtel. Morte de Mme. de Warens.

1763 A *Carta a Christophe de Beaumont* foi publicada como reação às críticas que lhe eram feitas. Renunciou ao seu título de "cidadão de Genebra". As *Cartas escritas do campo* do procurador-geral Tronchin foram publicadas; nelas, o *Emílio* e *Do contrato social* foram severamente criticados.

1764 Publicou sua resposta a Tronchin — *Cartas escritas da montanha*. Decidiu escrever suas *Confissões*.

1765 As *Cartas escritas da montanha* foram condenadas e queimadas em Haia e depois em Paris. Refugiou-se na Ilha de Saint-Pierre, no lago de Bienne, sendo expulso logo depois pelo governo de Berna.

1766 Partiu para a Inglaterra no dia 4 de julho, hospedando-se junto a David Hume. Redigiu os primeiros livros das *Confissões*.

1767 Rompeu com Hume, voltando para a França para hospedar-se junto ao Marquês de Mirabeau. Publicou seu *Dicionário de música*.

1768 Passou por Lyon, Grenoble e Chambéry. A 30 de agosto casou-se no civil com Thérèse, em Bourgoin.

1769 Decidiu instalar-se em uma fazenda em Monquin, nos Alpes, perto de Bourgoin, onde redigiu quase toda a segunda parte das *Confissões*.

1770 Voltou para Paris.

1771 Escreveu as *Considerações sobre o governo da Polônia*. Mme.

d'Épinay solicitou à polícia a interdição das leituras públicas das *Confissões* que começavam a ser feitas. Aceitou o convite para redigir as *Considerações sobre o governo da Polônia.*

1772 Redigiu uma introdução à herborização: *Cartas elementares sobre a botânica.* Começou a redação dos *Diálogos de Rousseau juiz de Jean-Jacques.*

1774 Dedicou-se à redação de um *Dicionário de termos usuais em botânica,* que não chegou a ser concluído.

1776 Durante o verão, redigiu a *História do precedente escrito* (os *Diálogos*). No outono, começou a redação dos *Devaneios de um caminhante solitário.*

1778 Em maio foi morar em Ermenonville, junto ao Marquês de Girardin. Morreu a 2 de julho.

1779-1789 Seus amigos fizeram publicar: os *Diálogos,* as *Cartas ao Sr. Malesherbes,* as *Cartas elementares sobre a botânica,* as *Confissões,* os *Devaneios,* os *Fragmentos para um dicionário dos termos usuais em botânica.*

1794 Nos dias 9, 10 e 11 de outubro, seus restos mortais foram transferidos para o Panteão em Paris.

Cronologia estabelecida a partir de:
— GAGNEBIN Bernard. *Oeuvres Complètes*, Pléiade.
— HOWLETT, Marc-Vincent. *L'homme qui croyait en l'homme.*

2 Da ética à política

O CAMINHO DA FELICIDADE: UMA CIÊNCIA DO HOMEM

Já sabemos que a infância e a adolescência de Rousseau foram permeadas por acontecimentos marcantes. Talvez se possa dizer que foram já delineadoras da posição polêmica e crítica que ele teria ao longo de sua vida. Esse distanciamento da sociedade de seu tempo, dos iluministas seus contemporâneos, fica ainda mais evidente quando lemos seu último texto, *Os devaneios de um caminhante solitário*, que, embora inacabado, é considerado seu testamento espiritual; logo nas primeiras páginas afirma estar "sozinho na Terra, tendo apenas a mim mesmo como irmão, próximo, amigo, companhia. O mais sociável e o mais amável dos humanos dela foi proscrito por um acordo unânime".

Há, na obra de Rousseau, "sempre as mesmas máximas", ou seja, uma unidade intencional: pretende indicar aos homens o caminho da felicidade. Desde seus primeiros textos, refere-se à sua intenção de criar um sistema e, embora não o tenha concretizado do ponto de vista formal, vai aos poucos tecendo a trama uniforme de seu pensamento. Mas como alcançar essa felicidade? A resposta não é moral; não se trata de uma solução individual e moralista e, sim, de uma resposta ao gênero humano de uma perspectiva política.

No entanto, em um dos seus primeiros textos, o *Discurso sobre as ciências e as artes*, lemos que o homem é ao mesmo tempo mau e infeliz. E por quê? Porque nossos interesses particulares e nosso egoísmo nos separam, ao invés de nos aproximar uns dos outros.

Para responder a essa indagação recorrente em toda sua obra, Rousseau precisa falar do homem. Mas não do homem abstrato descrito por meio de seus atributos, e sim do desenvolvimento do homem ao longo de sua história. Não que Rousseau rejeite o pensamento abstrato de que se ocupa a Filosofia, pois "a verdade geral e abstrata é o mais precioso de todos os bens. Sem ela, o homem é cego; ela é a luz da razão. É por ela que o homem aprende a se conduzir, a ser o que deve ser, a fazer o que deve fazer, a tender para o seu verdadeiro fim"[1].

---

[1] "4ª Caminhada", p. 56-57.

Não há, nessa afirmação, uma mera recusa da Filosofia, mas a recusa da Filosofia como um sistema fechado, feito para a contemplação e compreensão de poucos. No seu entender, o pensamento racional "alimenta-se" da paixão e da sensibilidade, sendo muito mais "um guia para a ação" do que um dogma.

À separação entre a teoria e a prática pretendida pelos filósofos, Rousseau chama de "charlatanismo". Em vez da separação entre a moral, a política e a religião, como ciências independentes, propõe "uma ciência do homem", inseparável da moral. Se, por um lado, essa visão do homem e do mundo expõe as diferenças entre Rousseau e seus antecessores, por outro lado nos permite compreender por que sua obra foi muitas vezes considerada — erroneamente — mais literatura do que filosofia.

A causa principal desse julgamento apóia-se nos paradoxos presentes na obra de Rousseau:

1. crítico das ciências e das artes e, ao mesmo tempo, escritor e pensador;

2. crítico da música francesa e, ao mesmo tempo, autor de uma ópera, *O adivinho da aldeia*, e de um *Dicionário de música*;

3. crítico feroz da sociedade humana como forma de corrupção do ser humano e, ao mesmo tempo, defensor incondicional da formação de uma sociedade civil a partir da noção de contrato social, em que os direitos individuais seriam garantidos pelo Estado;

4. crítico da religião como forma de opressão, mas defensor de uma religião civil auxiliar à tarefa do legislador como exposto no *Contrato social* e, contradição ainda maior, defensor de uma religião no *Emílio*.

Assim, seus opositores muitas vezes acusaram-no de incoerente e contraditório e, ao mesmo tempo, de histriônico, cujo único interesse era chamar a atenção a partir daqueles e de outros paradoxos. Rousseau afirmava preferir "ser um homem de paradoxos do que um homem de preconceitos"[2]. Seus paradoxos eram muito mais fruto da passionalidade com que se atirava aos temas discutidos do que de uma falsa consistência teórica. Some-se a isso, também, a dificuldade que muitas vezes a insuficiência da língua comum representa na expressão de certas idéias ou novos conceitos, comprometendo a clareza que se quer expressar.

Rousseau recusava o uso de um jargão filosófico hermético, sendo nesse aspecto um pensador do século XVIII, mas não abria mão da clareza do discurso, pois estava convencido de que "se pode ser claro mesmo na pobreza de nossa língua; não dando sempre as mesmas acepções aos mesmos nomes, mas

---

[2] *Emílio ou da educação*, p. 323.

fazendo de tal modo que, cada vez que se use cada palavra, a acepção dada seja suficientemente determinada pelas idéias aí relacionadas"[3].

O próprio Rousseau afirmaria nos *Diálogos* que sua obra era "um sistema ligado que podia não ser verdadeiro, mas que não oferecia nada de contraditório"[4]. Uma única indagação percorre toda sua obra: como recuperar para o homem, vivendo em sociedade civil, a felicidade existente no estado de natureza? Como não tornar sinônimos civilização e desigualdade? Como o homem pode ser ao mesmo tempo um ser civilizado e livre?

Para responder a essas questões, foi necessário começar descrevendo as sociedades civis, civilizadas e corrompidas para, depois de criticá-las, buscar a origem dessa corrupção na própria história dessas sociedades. Passemos, então, à discussão do ponto de partida da reflexão e objeto de seus dois primeiros textos mais importantes: *Discurso sobre as ciências e as artes* e *Discurso sobre a origem da desigualdade*.

CRÍTICA DA MORAL ABSTRATA

Em 1749, Rousseau concorreu ao *prêmio de moral* da Academia de Dijon com um texto chamado *Discurso sobre as ciências e as artes*, em que respondia ao tema daquele ano: "O restabelecimento das ciências e das artes contribuiu para aprimorar os costumes?". Provocou seus contemporâneos ao afirmar que o progresso alcançado a partir do Renascimento não foi positivo para a humanidade, pois nem sempre aos homens mais cultos ou às sociedades mais desenvolvidas corresponde um aperfeiçoamento moral proporcional.

A fixação do homem à terra, o advento da propriedade e a criação de leis para justificar essa posse tiveram nas ciências e nas artes sua conseqüência necessária, mas também nefasta, uma vez que o luxo e a ociosidade só se constituíram nesse momento, gerando a hipocrisia, a corrupção dos costumes e a recusa de parecer o que, de fato, se é.

Na análise do autor, o luxo e as ciências tiveram seu nascimento juntos e não poderiam ter progredido separadamente. A fonte primeira do mal é a desigualdade, e desta decorreram as riquezas, que geraram o luxo (que deu origem às Belas Artes) e a ociosidade (que originou as ciências). Logo no início do *Discurso sobre as ciências e as artes* afirma que, assim como o corpo, o espírito tem suas necessidades.

---

[3] *Idem*, p. 345.
[4] "Diálogos de Rousseau, juiz de Jean-Jacques". *Oeuvres complètes* – Bibliotèque de la Plèiade. Paris, Éditions Gallimard, 1964. v. I, p. 930. Trad. da autora.

O que acaba ocorrendo, então, é um desencontro entre o aprimoramento das luzes e o da virtude. Isso não quer dizer que, para ser virtuoso, o homem deve, necessariamente, ser ignorante, mas que só os homens de talento e, também, virtuosos é que saberão utilizar de forma adequada a ciência e o conhecimento daí decorrentes. Apenas estes podem ser chamados de sábios.

Portanto, há, no entender de Rousseau, uma questão intrigante: a relação entre a virtude e a ciência. Não se trata de renunciar à possibilidade do conhecimento, mas de um redirecionamento dessa potencialidade para que o homem não faça dela um mau uso, o que aumentaria a vaidade humana e faria o homem acreditar que pode dominar o Universo, penetrando os desígnios do Criador.

A intenção da sua crítica à cultura é reconsiderar o valor da ciência e o uso que dela se fez ao longo do processo de civilização. É preciso reconhecer os limites de nossas aptidões para melhor aprimorar nosso saber. É dessa ignorância que fala o filósofo genebrino; de uma ignorância que nada mais é do que a percepção do limite da capacidade de alcance do saber humano.

Ora, essa ignorância é o estado natural do homem e não representa qualquer obstáculo ao bem ou ao mal que ele possa realizar. Portanto, é preciso dirigir nossa reflexão para o estado de natureza e discutir a lei natural, para assim estudar a pureza dos costumes desse estado primitivo e melhor entender a desigualdade na sua origem, uma vez que o restabelecimento das artes e das ciências talvez tenha sido contingente e não necessário.

Dessa forma, Rosseau subvertia a ordem de importância de algumas questões e seu critério de valoração, já que a efervescência cultural iniciada na Renascença encontrava sua correspondência, entre os seus contemporâneos, na valorização exagerada dada à capacidade técnica do homem e à razão em detrimento da moral. Com a resposta negativa ao tema proposto pela Academia, Rousseau inverteu essa ordem, privilegiando o âmbito da moralidade.

CRÍTICA DA DICOTOMIA *SER E PARECER*

Ao contrário de sua época e dos pensadores iluministas, nosso autor não atribuiu qualquer papel positivo a uma das principais características desse período, a fruição do luxo.

Quanto mais os homens se tornam civilizados, mais se aproximam da infelicidade: o presente passa a ser vivido de forma fugidia, apenas o futuro conta. A felicidade está sempre mais distante, onde não pode ser alcançada. Nessa corrida, o homem torna-se alienado, tomando como parâmetro para seu comportamento a opinião dos outros.

Mas como romper com esse aparente círculo vicioso? Saindo do âmbito moral da questão, para atacar seus pressupostos políticos: "Os poetas disseram cem vezes tudo isso, mas disseram-no declamando e eu digo-o apoiado em razões; eles perceberam o mal e eu descobri suas causas [...] todos esses vícios pertencem ao homem mal governado"[5].

Rousseau parte de uma crítica da cultura para poder estabelecer uma crítica da sociedade. Enquanto seus contemporâneos privilegiam o progresso do conhecimento e da técnica, ele ressalta a falta de autonomia da ciência, da arte e da filosofia em relação ao poder vigente. A carreira, as vantagens materiais, a vaidade vêm em primeiro lugar: *valer* adquire mais importância do que *saber*.

É preciso adaptar-se à maioria, tornando-se a moral a arte de agradar: mais importante do que ter qualidades é parecer tê-las. Quanto mais se desenvolve materialmente a sociedade, mais o homem vai se tornando medíocre, transformando o dinheiro no símbolo dessa sua decadência. A linha do horizonte das conquistas humanas é continuamente projetada para mais longe: quanto mais o homem alcança alguma de suas metas, mais rapidamente passa a outro projeto, e assim sucessivamente. Torna-se, então, um alienado: a felicidade está sempre além dele.

Se não pode ter o que almeja, não deve demonstrar isso: o luxo serve a esse propósito. Como a riqueza é sempre ostentatória, é preciso demonstrar tê-la para que a opinião dos outros testemunhe sua felicidade. Mais do que usufruir aquilo que tem, o homem alienado precisa ter sempre mais para ser considerado, uma vez que a felicidade passa por esse reconhecimento.

Essa alienação é expressa pelo sentimento de amor-próprio: a felicidade não está no homem, mas na inquietude que busca sempre mais e mais o reconhecimento do outro. Ser e parecer se diferenciam. Aos poucos a moral transforma-se na arte de agradar.

Ao mesmo tempo que se torna infeliz, o homem estabelece a desigualdade, ou seja, esta é diretamente proporcional ao processo civilizatório. Se aqueles que têm buscam sempre mais, a posse torna-se o elemento diferenciador entre os homens: de um lado, os proprietários, de outro, aqueles sem qualquer tipo de propriedade. As sociedades se dividem, então, entre ricos e pobres, entre fortes e fracos, entre opressores e oprimidos.

A abordagem rousseauniana sobre o luxo é política, é uma decorrência direta da sua concepção de desigualdade: "O luxo pode ser necessário para dar

---

[5] "Narciso ou o amante de si mesmo". Idem, v. II, p. 969-970. Trad. da autora.

pão aos pobres, mas se não houvesse luxo, não haveria pobres"[6]. Assim, a desigualdade e o luxo caminham paralelamente e na mesma proporção, por meio do incentivo ao comércio, às ciências e às artes.

O luxo é o elemento supérfluo e desnecessário que diferencia os homens, tornando-os "escravos vis" e presos a essa aparência que, gradativamente, torna-se tão importante. Ao longo do processo civilizatório das sociedades, a dicotomia entre ser e parecer se estabelece, deixando para trás a importância da virtude.

Após a leitura do *Discurso sobre as ciências e as artes* e das respostas do seu autor às refutações originadas a partir das idéias apresentadas no texto, percebe-se um certo amargor pelas críticas recebidas. Por outro lado, fica claro que Rousseau não propõe uma destruição da sociedade civilizada em nome de uma volta à natureza entendida como vida primitiva. Compete à cultura suavizar a "ferocidade dos homens corrompidos".

As idéias discutidas no *Discurso sobre a origem da desigualdade*, ou "Primeiro Discurso", foram complementadas e aprofundadas em outro texto, o *Discurso sobre a origem e os fundamentos da desigualdade entre os homens*, ou "Segundo Discurso", escrito em 1753, também como uma resposta ao prêmio de moral da Academia de Dijon daquele ano, cujo tema indagava se a origem da desigualdade entre os homens era autorizada pela lei natural. Nesse texto, Rousseau opõe ao homem civilizado, mas também depravado, escravo e infeliz, o homem natural — bom, livre e feliz. Para tanto, parte da idéia de natureza.

A IDÉIA DE NATUREZA

INFLUÊNCIAS

Embora a noção de estado de natureza não tenha sido inventada na Idade Moderna, foi a partir dessa época que passou a ter maior significado, quando alguns juristas recorreram a ela buscando um fundamento separado da teologia para embasar a origem do poder e a formação da sociedade. Alguns desses pensadores — principalmente os jurisconsultos com seus tratados de direito natural — influenciaram mais diretamente Rousseau na sua formulação de uma teoria do contrato social.

O jurisconsulto e diplomata holandês **Hugo Grotius** (1583-1645), em seu livro *Direito da guerra e da paz* escrito em 1625, afirmava — como hipótese prévia — que no estado de natureza os homens eram livres e iguais, tendendo

---
[6] Resposta às objeções. *Última resposta ao Sr. Bordes*, p. 398.

naturalmente para a sociabilidade. Há dois princípios que comandam o direito natural: as primeiras impressões (*a priori*) e a reta razão (*a posteriori*), não bastando apenas pautar-se pelo instinto de conservação; é necessário encontrar regras racionais que nos levem à nossa conservação, em vez de nos guiarmos pelos impulsos primeiros.

Da mesma forma que Grotius, o jurista e historiador alemão **Samuel Pufendorf** (1632-1694), no *Direito da natureza e das gentes* de 1672 — e outros autores da assim chamada escola do direito natural —, afirmava que a fonte do poder civil é uma convenção humana, não sendo, portanto, necessário buscar sua origem em Deus. Afirmava ser o estado de natureza um estado dotado de sociabilidade. O direito natural — ou lei natural — é uma regra geral que todo gênero humano observa.

Já o filósofo inglês **Thomas Hobbes** (1588-1679), em seu texto mais conhecido, o *Leviatã* (1651), definia o estado de natureza como um estado de guerra permanente e não de sociabilidade, pois a natureza deu a todos os homens um direito ilimitado sobre tudo. Assim, se os homens não tivessem renunciado a essa liberdade original, teriam perecido. Para que isso não ocorresse, firmaram um pacto em que se estabelecia uma autoridade sem limites por meio da figura do soberano. Rousseau elogiou Hobbes por reconhecer que o homem não tem uma tendência natural para a sociabilidade, mas discordou da identificação do estado de natureza com o estado de guerra.

Em **John Locke** (1632-1704), Rousseau admirava a recusa das teorias absolutistas e do direito de escravidão, discutidas principalmente nos *Dois tratados sobre o governo civil* de 1690. O segundo desses dois textos ficou mais conhecido em virtude de sua importância para o pensamento liberal. De acordo com Locke, a natureza deu ao homem todos os direitos: à vida, à igualdade, à liberdade, e até mesmo o direito de propriedade é um direito natural porque resulta da capacidade de esforço que o homem tem, ou seja, de seu trabalho.

Assim, o estado de natureza, mesmo que definido diferentemente entre esses autores, tem para todos eles um ponto em comum: significa um elemento fundador.

Diante do pensamento desses autores, o de Rousseau representa, de certa forma, uma espécie de crise do jusnaturalismo[7]: para Grotius e Pufendorf o direito natural é o lugar da obrigação; para Rousseau, a força da obrigação está

---

[7] O jusnaturalismo defende a existência de um direito natural anterior e superior ao direito positivo, ou seja, afirma a existência de um sistema de normas de conduta intersubjetiva que antecederiam ao ordenamento posto pelo Estado. O sentido dessa teoria não foi sempre o mesmo, sendo certamente o jusnaturalismo moderno seu momento mais conhecido e estudado.

no direito civil, não havendo, portanto, coerção no âmbito do direito natural. Como se verá a seguir, ele reconhece a existência de certos sentimentos naturais, como a piedade e o "amor-de-si", mas recusa qualquer direito senão em sociedade. Rousseau se distancia dos seus contemporâneos, principalmente de Locke. Este não vê uma diferença de qualidade tão absoluta entre os dois estados, admitindo mesmo o direito natural como algo existente já naquele estado originário. O direito positivo[8], no entender de John Locke, nada mais é que um aperfeiçoamento do direito natural que irá se expressar na sociedade civil, na forma de um contrato social entre o povo e os seus representantes legais (governo).

Portanto, seria uma contradição e uma inverdade falar de direito natural da perspectiva rousseauniana, já que só se podem encontrar os fundamentos do direito na sociedade civil e não no estado de natureza. A partir do seu pensamento, a teoria do contrato social enviereda por um novo caminho, ao formular o princípio da soberania popular. Mas o que significa "a soberania originar-se no povo?" Significa que *sempre* a soberania deve residir no povo, não podendo seu exercício ser delegado a nenhum representante ou governante. Voltaremos a essa questão em breve.

DEFINIÇÃO E MÉTODO

No "Segundo Discurso", Rousseau afirma que entre todos os conhecimentos humanos o mais útil e o menos desenvolvido é o relativo ao próprio homem. Como é possível conhecer a origem da desigualdade entre os homens sem conhecer o próprio homem? E o que significa conhecê-lo? Seria vê-lo, tal como é, na sociedade?

Trata-se de conhecer a natureza humana para então encontrar um princípio capaz de julgar os costumes humanos e os próprios homens: a busca pela origem leva ao encontro dessa pureza anterior. Rousseau pretende dar uma imagem do estado de natureza totalmente oposta ao estado social, já civilizado, para que se possa perceber claramente essa passagem da primeira etapa (positiva) à segunda (negativa). O estado de natureza original não é o que se encontra no homem social. A história se opõe, então, ao estado natural.

Tema recorrente no pensamento de Rousseau e não apenas uma discussão localizada, a história é, ao mesmo tempo, positiva e negativa. Positiva porque fornece um amplo conhecimento dos fatos históricos; negativa porque o que é factual encobre o conhecimento antropológico e metafísico sobre o homem.

---

[8] Direito como ordenamento normativo.

A reflexão sobre a natureza necessita de um método, que se desdobra em duas etapas:

1. deixar de lado "todos os livros científicos";
2. "afastar todos os fatos, pois eles não dizem respeito à questão"[9].

Como a natureza nunca mente, é a única fonte que pode ser consultada. O conhecimento da natureza humana revela ao filósofo, ao mesmo tempo, o significado dessa natureza e sua amplitude. É preciso explorar profundamente a alma humana, separando-a de tudo o que possa ter sido acrescentado a ela e portanto não lhe pertença intrinsecamente. Vale-se, então, como recurso metodológico, da observação, da imaginação, da introspecção, enfim, de uma análise abstrata que pode auxiliá-lo a compreender o estado de natureza como realmente foi, o que não equivale a dizer que se trata de fazer uma experiência — isolar-se em um tipo de vida junto à natureza — para poder compreendê-lo.

Se o conhecimento do homem é o mais importante de todos, se para conhecê-lo verdadeiramente é preciso separar o homem como deveria ser (estado de natureza original) e aquilo em que se transformou (o homem vivendo nas sociedades existentes), estabeleceu-se aí, nessa passagem de um estado ao outro, uma desigualdade que é preciso compreender. Enquanto no estado de natureza havia uma desigualdade natural ou física, no de sociedade há uma desigualdade moral ou política.

Imaginemos, então, o homem no estado de natureza, convida-nos Rousseau. Para tanto, ao refletir sobre o homem físico, Rousseau opera a articulação entre esse aspecto e os aspectos metafísico e moral. Articulação nada fácil, pois, se de um lado há a ligação entre eles, de outro há uma grande distância entre a ordem física e a metafísica, sendo portanto tarefa primordial demonstrar como se dá essa continuidade.

O homem é antes de tudo um animal[10]. Do ponto de vista físico, satisfazia suas necessidades por meio do seu corpo, impondo-se aos animais mais fracos. Era robusto, e suas doenças uma decorrência natural do processo de desenvolvimento e envelhecimento físicos. Como animal, do ponto de vista físico o

---

[9] *Discurso sobre a origem da desigualdade entre os homens*, p. 230.
[10] Nessa questão, Rousseau é herdeiro tanto do pensamento racionalista (René Descartes), que opõe o homem ao animal, pois este não pensa porque não fala, quanto do pensamento sensualista (Condillac), para o qual as idéias têm sua origem nos sentidos. Rousseau retoma ambas, ou seja, o homem é um animal, mas se distingue dele porque é dotado de liberdade.

homem é uma máquina engenhosa, submetida como qualquer outro corpo às leis da mecânica, ou seja, do movimento. Isso equivale a dizer que é uma máquina autônoma, que responde por sua própria conservação.

Há portanto certas operações comuns ao homem e ao animal-máquina, mas o homem tem algo que lhe é próprio: a liberdade. Ao agir, o animal não sabe o que faz, ao contrário do homem, que manifesta sua liberdade mesmo nas operações corpóreas. As necessidades naturais não se impõem ao homem de forma única como acontece com o animal. Ao responder diferentemente a elas, o homem pode afastar-se da natureza, iniciando o próprio processo de desnaturação.

Assim, do ponto de vista psicológico, embora tivesse em comum com os animais os sentidos, o homem era dotado de liberdade — ainda que não soubesse conceituá-la, o homem natural desejava ou repudiava as coisas, ao mesmo tempo que temia as que não conhecia. Como ser livre, o homem foi capaz de desenvolver-se e aperfeiçoar-se, podendo escolher suas ações, estas sim boas ou más. Porque é um ser livre, o homem é um ser de vontade, não sendo dominado pela impressão dos sentidos como são os animais.

A origem do entendimento é sensível, ou seja, a idéia de que tenho sede, por exemplo, origina-se nos sentidos, não havendo aí qualquer diferença entre o homem e os animais, a não ser uma diferença de grau e não de natureza. No entanto, só o homem pode ter a idéia de liberdade, porque só ele é dotado de vontade. O animal é sempre o mesmo, o homem supera-se a si próprio.

Existiam apenas as necessidades físicas — alimentação, repouso e reprodução. No estado de natureza, o homem não podia ter paixões porque não tinha conhecimentos para despertá-las em si, e não tinha conhecimentos porque não tinha paixões que os tornassem necessários. Para que o progresso intelectual ocorra, são necessárias duas condições fundamentais: curiosidade e trabalho, além da capacidade de comunicá-lo, ou seja, a linguagem.

A fala também é uma convenção, não tendo "aparecido" naturalmente, mas em sociedade. Algumas etapas ocorreram antes da "invenção" da linguagem: primeiro os gritos que reproduziam os sons da natureza, depois as inflexões de voz correspondentes a alguns objetos, só então sendo possível a instituição de sinais que simbolizavam as articulações da voz. As idéias abstratas que compõem o pensamento e são expressas pela linguagem representam a etapa final e não o ponto de partida: no princípio o homem em estado de natureza proferiu palavras que valiam por uma frase, depois vieram os infinitos dos verbos e os nomes próprios e, a seguir, os adjetivos. Só então o processo de abstração expresso pelas idéias gerais foi possível.

O homem natural vivia apenas para o momento presente, sem preocupar-se com o futuro, sem precisar dos outros homens. Nem a dor nem a miséria existiam no estado de natureza; a força do instinto era suficiente, não havendo uma sociabilidade natural.

Do ponto de vista moral, porque não tendia naturalmente para a sociabilidade, o homem natural não era bom nem mau, portanto um ser amoral. Como não conhecia o bem, o homem natural não pôde praticá-lo, o mesmo ocorrendo com o mal. Apenas um movimento da natureza o orientava: a piedade. Segundo Rousseau, trata-se de um princípio facilmente identificável e anterior a qualquer reflexão; ou seja, o homem, como todos os outros animais, só ataca a outrem quando acuado ou faminto. O mal deliberado, planejado, só pode resultar da racionalidade humana, portanto, da sociabilidade.

Tudo isso faz do estado de natureza um estado de paz: os homens não conhecem a vaidade, o orgulho e o amor-próprio, não têm propriedade para defender, nenhuma injustiça é praticada porque não há ainda qualquer noção de justiça, e nem mesmo sentem a falta uns dos outros, pois não há amor e sim instinto sexual, resolvido em qualquer encontro casual.

No estado de natureza, só existem simples diferenças entre os indivíduos. Não havendo nada significativo que os distinga, os homens são iguais do ponto de vista físico, psicológico e moral. O desenvolvimento resultante da capacidade reflexiva humana não é próprio do estado de natureza, por isso "o homem que medita é um animal depravado"[11].

Enquanto o animal obedece à natureza, o homem escolhe, tem consciência de sua liberdade. Além disso, o homem é por natureza dotado de perfectibilidade: qualidade positiva e ao mesmo tempo negativa, pois é a causa de todos os males humanos. A formação das primeiras sociedades teve como conseqüência o progresso, e este forneceu as condições de possibilidade do entendimento e das paixões.

Em vez de uma sociabilidade natural, Rousseau defende uma consciência moral que só pode se desenvolver se "provocada" pela razão — manifesta apenas no homem social. Por isso, é preciso deixar de lado todos os livros e todas as teorias que só foram capazes de refletir sobre o homem natural a partir do homem civilizado. Além da reflexão, é preciso também a observação, pois "o que a reflexão nos ensina a esse propósito, a observação o confirma perfeitamente"[12].

---

[11] *Discurso sobre a origem da desigualdade entre os homens*, p. 241.
[12] *Idem*, p. 281.

Essa aproximação entre a observação e a reflexão conduz ao segundo momento metodológico, por meio do qual o autor propõe afastar todos os fatos.

Como o estado de natureza não é um fato concreto, nem ele nem o homem aí inserido podem ser analisados como tais; trata-se de uma suposição metodológica, didática, mas não de uma existência concreta no tempo e no espaço. Essa hipótese abstrata é que irá ajudar o filósofo no conhecimento sobre um homem histórico e sobre sua "origem hipotética", homem que em momento algum se confunde com os selvagens das sociedades primitivas.

É a partir do olhar sobre a realidade que é possível constatar que o estado de natureza não tem uma origem factual, determinada historicamente. A observação real define o ponto de partida e o que será colocado de lado: não é possível esperar mais do que isso. No lugar da descrição tediosa dos fatos, nosso autor propõe os detalhes reveladores de uma consciência.

Mas o que os fatos não atingem? A passagem do homem da natureza para o "homem do homem", isto é, a passagem do estado de natureza para o estado social. A "entrada" do homem na ordem temporal é o momento de abandono da ordem natural, tendo início o processo de desnaturação pelo qual a história factual também teve seu processo desencadeado. A passagem de um estado ao outro desencadeou o progresso da humanidade, por meio do aperfeiçoamento da técnica, da arte e da ciência. É na crítica a essa mudança — de acordo com Rousseau — que é possível resgatar o mais importante dos conhecimentos, aquele que diz respeito ao homem.

Algumas perguntas precisam ser feitas agora: o que ocasionou a passagem do estado de natureza para o estado de sociedade? Por que se rompe a bondade original, tornando-se o homem sociável e mau? Por que o homem não permaneceu naquele estado original? Como apareceu a desigualdade? De que forma foi legitimada?

Por se tratar de um estado fora do tempo, o estado de natureza não é anterior à história, mas, sim, está fora da história. Apenas a razão é um produto da história. A perfectibilidade foi a responsável pelos erros que o homem possa ter cometido ao longo dos tempos, tirando-o da inocência natural. A felicidade e a infelicidade humanas têm, nesse momento, a mesma origem.

A racionalidade humana não é, portanto, o ponto de partida, mas o resultado da ação das necessidades sobre as paixões e destas sobre aquela. Isso equivale a dizer que o homem é, potencialmente, um ser racional: sua capacidade intelectual só será desenvolvida se ela for despertada por suas faculdades inferiores.

Todavia, para que as paixões se manifestem, a necessidade natural precisa encontrar-se aumentada, o que leva Rousseau a concluir que o homem natural tem necessidades e paixões apenas elementares que estão diretamente ligadas à sua sobrevivência, não tendo, ainda, a consciência do medo.

Há, então, uma interligação entre as necessidades, as paixões e a razão humanas; mas tão-somente a convivência em comum é que vai despertá-las para um possível avanço. A vida do homem primitivo não difere da vida animal; porém, gradativamente, surgiram dificuldades, e esse homem teve de superá-las, adaptando-se e aprendendo a lutar por alimentos com os outros animais e com os outros homens.

Ao mesmo tempo que povoavam a terra, esses homens aprendiam a superar as dificuldades climáticas, adaptando-se às diversas regiões; procuravam proteger-se, aprimorando a caça e a pesca e cobrindo seus corpos.

Mais tarde, inventaram o fogo, que até então só existia na natureza. Aos poucos, o homem percebeu que a parceria com outros homens lhe poderia ser benéfica; que poderiam lucrar com essa proximidade, retirando mais facilmente da natureza aquilo de que precisavam. Também passaram a ter consciência da sua superioridade sobre os animais e de como melhor utilizá-la na luta pela sobrevivência. Junto com outros homens, era possível minimizar o trabalho, vital para todos. As primeiras sociedades resultaram do acaso, em decorrência dos flagelos de inundações, secas, terremotos etc.

Com o passar do tempo, os homens certamente sentiram necessidade de construir suas próprias moradias, em vez de usar apenas as que a natureza lhes oferecia, tais como as cavernas e os grandes troncos de árvores.

Se estas foram as mudanças externas, pode-se imaginar que, do ponto de vista psicológico e moral, também ocorreram transformações decisivas: os sexos já não se aproximam apenas casualmente para o acasalamento, ocorrendo uniões mais duradouras, em que o papel de cada um começa a se distinguir; a linguagem também precisou aprimorar-se, ao mesmo tempo que novas relações de convívio se estabeleceram, gerando uma proximidade amistosa entre os diferentes grupos que se expressou por meio do canto e da dança.

Se esse retrospecto pode evocar uma atmosfera paradisíaca, Rousseau adverte seu leitor para os germes da civilização que já estavam presentes nele, na tríplice relação "família, linguagem e propriedade".

Interessa-lhe a saída do homem do estado de natureza para o estado de sociedade. A referência a um estado mais primitivo, onírico e imaginário e a referência a um estado posterior, a primavera terrestre da humanidade — em que o homem já dominava algumas artes, comunicava seus pensamentos e fixava-se à terra —, nada mais significam que dois aspectos de uma mesma idéia.

Em princípio não se tratava de uma ação deliberada, mas apenas da resposta do homem natural à própria pluralidade da natureza. Só assim foi possível o surgimento da razão. Certamente, o homem não é um animal irracional no estado de natureza, mas é preciso que algo desencadeie o aparecimento da razão: ao exigir do homem certo aprimoramento, o trabalho vai despertá-lo desse sono feliz. A razão é como que impulsionada, provocada pelas necessidades que vão se apresentando a esse homem que, para atendê-las, precisa desenvolver sua capacidade racional para poder intervir no meio que o circunda. Diante das dificuldades climáticas, das intempéries, das catástrofes, o homem não teve outra saída senão trabalhar para poder superá-las, passando, portanto, a viver em sociedade e a ser autor da história.

Finalizada a primeira parte do "Segundo Discurso", depreende-se do texto que o homem natural é fisicamente sensível e robusto; metafisicamente é livre, mas dotado de perfectibilidade; moralmente é neutro e guiado pelo "amor-de-si" e pela piedade. Nada no estado de natureza permite defini-lo como desigual. Nesse momento do texto, é preciso encontrar aquilo que fez sair o homem do estado de natureza, ao mesmo tempo que o aperfeiçoava. Esse conceito-chave está no primeiro parágrafo da segunda parte.

Rousseau afirma que "o verdadeiro fundador da sociedade civil foi o primeiro que, tendo cercado um terreno, lembrou-se de dizer *isto é meu* e encontrou pessoas suficientemente simples para acreditá-lo"[13]. A partir da invenção da propriedade, "o homem já pode ser considerado cruel".

A invenção da propriedade tem dupla conseqüência:

1. *A origem da desigualdade decorrente da separação entre os que têm posses e os desprovidos delas.*

Com a progressiva cultura das terras, houve também a divisão delas. O trabalho — no princípio mera técnica de sobrevivência — aos poucos tornou-se imprescindível. Os homens criaram instrumentos necessários ao cultivo e à posse da terra. Gradativamente, tornaram-se proprietários, e a quantidade de terras possuídas estava diretamente ligada ao rendimento do trabalho decorrente dos talentos particulares (individuais).

Paralelamente à constituição da propriedade privada, formou-se a desigualdade como conseqüência da necessidade de especialização do trabalho, da diferenciação das riquezas e dos diferentes modos de comportamento dela

---

[13] *Idem*, p. 259.

decorrentes — tais como ambição, concorrência, conflito de interesses, poder. Aquela que era a "época mais feliz", a "verdadeira juventude do mundo"[14] foi substituída por uma nova etapa: à fabricação inicial de objetos feitos só por uma pessoa correspondiam a igualdade e a liberdade; depois, com a organização da produção necessária, passaram a depender uns dos outros, aparecendo não só a propriedade privada, mas também a desigualdade, a escravidão e a miséria.

Longe de ser um direito natural, a propriedade privada gerou a alienação, e dela decorreu todo o mal, passando o papel social a ser determinado pela parcela de propriedade possuída. A necessidade regulava agora as relações entre os indivíduos, e então — e somente então — o estado de guerra tornou-se inevitável, sendo necessário interrompê-lo para que a espécie humana não perecesse.

2. *A formação das primeiras sociedades baseadas em leis*.

Como romper com essa situação? Dessa maneira se formaram as primeiras associações e as primeiras leis, que, conseqüentemente, estabeleceram a segunda desigualdade, ao criar os que mandavam e os que obedeciam. Esse poder, quando apoiado em um pacto, é legítimo, caso contrário, gera o derradeiro grau de desigualdade: a arbitrariedade do poder despótico.

Se, a princípio, a força estabelecia toda forma de direito, inclusive o de posse, com o tempo foi necessário criar algo que a substituísse de modo muito mais eficaz. Assim, passaram a criar associações e governos que estabelecessem leis reguladoras das relações internas nas sociedades: o direito civil substituiu o direito natural e a liberdade natural.

À propriedade como *primeiro progresso* da desigualdade somou-se como *segundo progresso* o aparecimento dos magistrados ou governantes. Como conseqüência da divisão entre ricos e pobres, estabeleceu-se a divisão entre os que detinham poder e os que não possuíam poder, entre os poderosos e os fracos. A constituição das sociedades implicou a organização de governos para regular sua existência. Os magistrados/governantes tinham, então, dupla tarefa:

- garantir o cumprimento das decisões da sociedade;
- defender a liberdade dos povos.

Não há uma tendência natural do homem para a servidão voluntária; da mesma forma, o poder político não pode ser considerado uma continuação do poder paterno. O poder estabelece-se por convenções mútuas entre governantes e governados, baseadas em leis fundamentais. A forma de governo decorrente

---

[14] *Idem*, p. 264.

do poder estabelecido a partir desse pacto vai ser diferente em função do maior ou menor grau de desigualdade, expressando-se em uma monarquia, aristocracia ou democracia.

As primeiras magistraturas foram eletivas, mas, gradualmente, os governos tornaram-se hereditários, conseqüentemente despóticos. Estava estabelecido o *terceiro* e *último estágio* da desigualdade: o do despotismo expresso pela relação entre o senhor e o escravo. Os homens já nada liam, a obediência transformou-se em submissão, a virtude desapareceu cedendo lugar ao vício e à escravidão da aparência e da opinião.

Estava dada a constituição legítima do poder do Estado real — aquele que decorreu do próprio aparecimento da propriedade e de suas implicações — e do Estado ideal que seria objeto do texto *Do contrato social*. O primeiro foi muito mais uma criação dos ricos para oprimir os pobres, já que foi um ato arbitrário que fundou a liberdade: "isto é meu..." Por essa razão Rousseau não poderia concordar com nenhuma das teorias da época sobre a origem do poder do Estado: teoria paternalista (Filmer e Bossuet), teoria do direito de conquista (Pufendorf), teoria da submissão (Hobbes). Já o segundo Estado decorreu exclusivamente do *contrato social*. Só este podia instituir leis legítimas que não podiam ser desrespeitadas pelos governos e, se isso ocorresse, o povo poderia e deveria romper o contrato.

A sociabilidade corrompeu o homem e tornou-o viciado. Feita esta constatação, como resolver a dificuldade? Já que não é possível fazer "voltar" a história para resgatar o homem natural originário — pois isso significaria recusar o processo de sociabilização — é preciso alterar a forma de sociabilidade que o levou à corrupção.

Para que as verdades úteis possam ser ensinadas aos homens, é preciso uma transformação coletiva mas também individual: é preciso formar um novo indivíduo que seja capaz de criar uma nova sociedade.

É esse novo indivíduo o tema de o *Emílio ou da educação*. Apesar do título, trata-se mais de uma reflexão filosófica sobre a educação do que de um bom manual de pedagogia para pais e mestres. O objetivo do texto está claramente definido na frase: "... a partir do coração humano, mostrar a origem de todos os vícios"[15].

---

[15] "Carta a Philibert Cramer de 13/10/1764". *Oeuvre complètes* – Bibliotèque de la *Plèiade*. Paris, Éditions Gallimard, 1964. Trad. da autora.

3 Sociedade civil, liberdade e igualdade

CRÍTICA DA SOCIEDADE

Pelo que já foi visto no capítulo 2, pode-se afirmar que, para Rousseau, só é possível fazer a crítica da sociedade por meio de uma crítica da cultura: ao contrário dos iluministas, ele não reconhece o conhecimento produzido pelos sábios como o verdadeiro e único conhecimento. Esse saber acumulado nos livros não é sinônimo de uma verdade inabalável; as ciências e as artes não souberam evitar que o homem se transformasse em um ser vicioso.

Não é possível compreender o sentido da palavra *liberdade* na filosofia, nas ciências e nas artes, já que estas estão sempre a serviço do poder que as financia, principalmente nas sociedades corruptas decorrentes do processo civilizatório. Provavelmente só os menos favorecidos estão a salvo da corrupção decorrente dessas sociedades, pois "... conhece-se o homem são e robusto por outros sinais — é sob o traje rústico de um trabalhador e não sob os dourados de um cortesão que se encontrarão a força e o vigor do corpo"[1]. Assim, as cidades estão para a riqueza da mesma forma que o campo está para a pobreza.

Não há saída? Na história do progresso escrita pela humanidade, só estão a salvo as sociedades rústicas; apenas as antigas repúblicas ainda não contaminadas pelo luxo conheceram a virtude ausente das sociedades corrompidas, como mostram os mitos de Esparta e Roma, exemplo de um civismo republicano e heróico. Embora desde o Renascimento fosse comum a recorrência ao mito para refletir sobre o civismo republicano, foi com Rousseau que um certo caráter polêmico se acentuou, ao opor uma sociedade à outra: de um lado, estavam as cidades republicanas, as pequenas comunidades agrícolas e seus habitantes sábios e virtuosos, apesar de ignorantes; de outro lado, os estados monárquicos, as grandes nações comerciais e seus homens corrompidos pelas artes, detentores de um saber pretensioso e de doutrinas filosóficas mentirosas.

---

[1] *Discurso sobre as ciências e as artes*, p. 335-336.

O surgimento das ciências e das artes não exclui necessariamente a bondade e a virtude, a não ser quando a serviço de uma aristocracia opressora resultante da decadência moral que decorre da desigualdade social provocada pela "invenção" da propriedade privada.

Ao exemplo buscado nas sociedades antigas, não se pode esquecer de acrescentar a visão rousseauniana de uma Suíça bucólica e feliz, habitada por camponeses virtuosos, detentores de uma instrução necessária e suficiente ao seu modo de vida — portanto, um país distante da realidade, como expressa um texto de 1758, *Carta a d´Alembert sobre os espetáculos*, escrito em resposta ao artigo Genebra redigido em 1757 por d´Alembert para a *Enciclopédia*: "Lembro-me de ter visto em minha juventude, nas cercanias de Neuchâtel, um espetáculo bastante agradável e talvez único na Terra. Toda uma montanha coberta de casas, cada uma das quais formando o centro das terras que a ela pertencem; de maneira que essas casas, a distâncias tão iguais quanto as riquezas dos proprietários, oferecem ao mesmo tempo aos numerosos habitantes dessa montanha o recolhimento do retiro e as doçuras da sociedade"[2].

Enquanto d´Alembert aconselhava os genebrinos a permitir a instalação de um teatro em sua cidade, Rousseau recusava essa proposta por julgá-lo o gênero literário que melhor representava a decadência moral parisiense, ao mesmo tempo que propunha um teatro nacional, o único remédio para tantos inconvenientes.

Que inconvenientes eram esses? O teatro como era concebido no século XVIII, com seu apelo à imitação e ao luxo, desviava os cidadãos da vida familiar e do trabalho e as mulheres da vida recatada que deveriam ter. Para Rousseau, esse teatro trazia uma contribuição nefasta: nem era capaz de provocar sentimentos inexistentes nem contribuía para a verdadeira virtude — que devia ser ensinada às crianças desde a infância. As necessidades decorrentes da instalação do teatro apenas ajudavam a destruir a sociedade já existente, provocando o desinteresse das pessoas pelo trabalho, aumentando os gastos públicos e os impostos. É a reflexão sobre o estabelecimento de novas relações espaciais no teatro moderno excludentes de seu caráter público e cívico que fundamenta a crítica de Rousseau e sua preferência pelo teatro antigo.

Rousseau lamentava, portanto, que os genebrinos se desinteressassem pelas festas familiares e por suas festas populares, pois é nelas que são educados política e culturalmente. Praticar de fato as verdadeiras virtudes e apenas

---

[2] *Carta a d'Alembert*, p. 76.

representá-las são coisas diferentes, pois, em cena, ou a virtude do herói tem um caráter distante e irreal ou a sátira ensina a mascarar os vícios. Nem a tragédia nem a comédia modernas respondem, portanto, às necessidades de Genebra — uma por idealizar a virtude, outra por vulgarizá-las demais. Muito ao contrário da dança e da festa popular.

Mas de que festa fala Rousseau? Da festa pública, a céu aberto, e de caráter cívico, a única capaz de despertar o amor pela pátria e pelas leis, necessários ao estabelecimento do legítimo poder político e à sua compreensão. Na expressão do principal comentador de Rousseau na atualidade, o suíço Jean Starobinski, está sendo defendida a "festa iconoclasta", pela qual "serão condenadas as formas, as obras, as músicas, os cenários ligados à tradição das festas aristocráticas, exclusivas e dispersas"[3]. Ou seja, em vez da festa como mero pretexto de diversão, no lugar do jogo de simulação e de sedução característicos das festas modernas marcadas pela idéia de exclusão e distanciamento, Rousseau propõe a festa provocadora de sentimentos espontâneos, na qual basta a presença do povo.

A festa seria o local em que todos se sentem igualmente livres, comungando os mesmos ideais. Rousseau retoma a mesma imagem que descrevera no *Discurso sobre a origem da desigualdade*, de todos reunidos "diante das cabanas ou em torno de uma árvore grande"[4] para conversar, dançar e cantar, e para que os mais novos se conheçam sob o olhar dos mais velhos, despertando sentimentos de amor e amizade. Além disso, as festas também tornariam o povo mais ativo e trabalhador, fazendo-o "amar sua condição e impedindo-o de desejar outra mais doce"[5]. As festas afirmariam a realidade de uma comunidade ao exprimir sua unidade, estimulando, ao mesmo tempo, o patriotismo.

As artes do espetáculo, tanto quanto as artes plásticas e as belas letras, fazem parte das contradições da sociabilidade, pois tanto podem incentivar apenas o luxo e a aparência que dissolvem os costumes e corrompem o gosto quanto elevar as almas. Na conclusão da *Carta a d´Alembert*, Rousseau afirma a necessidade de espetáculos nas repúblicas, pois foi aí que "eles nasceram, nelas os vemos brilhar com um real ar de festa"[6].

---

[3] Jean Starobinski. *A invenção da liberdade* – 1700-1789. Trad. de Fulvia Maria Luiza Moretto. São Paulo, Editora da Universidade Estadual Paulista, 1994. p. 116 (Col. Studium).

[4] *Discurso sobre a origem da desigualdade entre os homens*, p. 263.

[5] *Carta a d'Alembert*, p. 145, n. 60.

[6] *Idem*, p. 128.

EDUCAR O HOMEM OU O CIDADÃO?

Rousseau parece ter nos conduzido a um impasse:
- a sociabilidade corrompeu o homem, tornando-o vicioso e infeliz;
- tal afirmação não equivale, contudo, a dizer que o homem não deveria tornar-se um ser social;
- não é possível fazer voltar a história, para assim retomá-la antes desse processo vicioso.

Logo, qual a solução? Transformar a sociedade. Uma sociedade não-corrompida só pode ser criada por homens não-corrompidos e sábios. Trata-se, portanto, de uma transformação coletiva mas, também, individual: mudar a sociedade é mudar os homens que as originam. "O que é salvável nas grandes sociedades corrompidas é o indivíduo ou alguns indivíduos que tenham a sorte de permanecer um pouco à sua margem"[7].

Para haver uma sociedade justa e equilibrada é preciso liberdade; para que esta seja possível são necessários cidadãos virtuosos, que só existem sob o império da virtude. Refletir sobre as condições morais da preparação do cidadão para sua entrada na sociedade é complementar a reflexão política dando-lhe sentido, isto é, trata-se de refletir sobre a necessidade de uma reforma política anunciada pelos dois Discursos.

Esse processo de transformação, ao mesmo tempo político e moral, será tema de outro livro, o *Emílio ou da educação*, que trata não da educação pública, mas da educação doméstica. Se o título da obra nos sugere um texto de caráter pedagógico ou um romance sobre a educação, sua leitura nos revela por que o próprio autor afirma ser seu mais importante livro: procura nesse texto estabelecer os problemas teóricos da educação à luz de uma reflexão filosófica. Ao defender seus textos (o *Emílio* e o *Contrato social*) das acusações feitas pelo Pequeno Conselho de Genebra em 1762, assim se refere ao primeiro: "Vosso Conselho afirma nas suas respostas que, segundo a intenção do Autor, o *Emílio* deve servir de guia aos pais e às mães: mas esta asserção não é aceitável, pois manifestei uma intenção totalmente diferente no prefácio e várias vezes ao longo do livro. Trata-se de um novo sistema de educação cujo plano ofereço ao exame dos sábios, e não um método para os pais e as mães, com o qual eu nunca sonhei"[8].

Mais uma vez, Rousseau recorre à imaginação como método auxiliar da experiência. Obviamente não se trata de realizar o experimento "Emílio", mas

---

[7] Luiz Roberto Salinas Fortes. *O bom selvagem*. São Paulo, FTD, 1996. p. 94.
[8] "Cartas escritas da montanha". *Oeuvre complètes* – Bibliotèque de la *Plèiade*. Paris, Éditions Gallimard, 1964. v.V, p. 785. Trad. da autora.

de imaginar como seria esse homem resultante de uma criança educada a partir da observação dos mecanismos da natureza humana. Emílio é um personagem de ficção que representa o indivíduo (ou indivíduos) que conseguiu manter-se mais ou menos à margem da sociedade corrompida. Falar da criança equivale a observar a naturalidade do seu desenvolvimento desde os primeiros instantes, respeitando cada uma das etapas.

As observações que Rousseau comenta no livro decorrem de sua experiência imaginativa que busca na memória experiências vividas quando criança e adolescente, acompanhando as brincadeiras infantis, para sobre elas refletir. Experiência, observação e reflexão permitiram-lhe melhor conhecer as crianças: "Se fiz algum progresso no conhecimento do coração humano, foi o prazer que tive em ver e observar as crianças que contribuiu para esse conhecimento"[9].

Rousseau afirma, nas primeiras páginas, que "nascemos fracos, precisamos de forças; nascemos desprovidos de tudo, precisamos de assistência; nascemos estúpidos, precisamos de juízo. Tudo o que não temos ao nascer, e de que precisamos adultos, é-nos dado pela educação"[10], sendo três as suas fontes:

1. a natureza: "desenvolvimento interno de nossas faculdades e de nossos órgãos";

2. os homens: "o uso que nos ensinam a fazer desse desenvolvimento";

3. as coisas: "o ganho de nossa própria experiência sobre os objetos que nos afetam"[11].

Para que o processo educacional seja levado a bom termo é preciso que a natureza possa guiar os outros dois modos de educação; uma vez que a natureza é a única sobre o qual não se pode ter qualquer influência, é preciso saber ouvir sua voz. Como vimos no capítulo anterior, a história escrita pelo homem levou-o à vida em sociedade, em que passou a ocorrer um processo de desnaturação: desnaturado, o homem da sociedade não é mais o homem do homem, nem pode transformar-se em cidadão, pois transformou-se em homem nenhum.

Em vez de educar Emílio para um determinado papel social, como é o procedimento comum em sociedade, propõe educá-lo para ser homem, isto é, segundo a natureza, para melhor viver em sociedade, guardando as qualidades naturais. Mas o que é ser educado segundo a natureza? Significa deixar de lado

---

[9] *Os devaneios de um caminhante solitário. Idem*, v. I, p. 1.087.
[10] *Emílio*, livro I, p. 10.
[11] *Idem*, p. 11.

todos os preconceitos e deixar-se guiar apenas pela razão — esta será seu único guia. E esse também será o caráter revolucionário desse novo homem: não aceitar nada, nenhum dos valores estabelecidos na sociedade, sem fazê-los antes ser aceitos pela razão.

Apenas a criança exposta a todos os incidentes da vida humana poderá se adaptar a diferentes situações e à sociabilidade, mas guardando nesse estágio as qualidades naturais. Esse é o desafio a que pretende responder o *Emílio*.

O objetivo do livro é recriar o homem natural. De que forma isso será possível? Por meio de uma educação negativa e livre. Para proteger a criança da influência da civilização é necessário educá-la no campo, longe do convívio familiar, da sociedade e dos livros. Deixa-se a criança livre para se formar por meio de sua própria experiência, sendo a natureza seu melhor preceptor. Só assim é possível resgatar o homem natural.

Se o objetivo do livro é recriar o homem natural, o método utilizado só pode ser o respeito à natureza da criança, seguindo sua evolução natural, isto é, respeitando cada uma das diferentes fases, do nascimento à idade adulta, como demonstra a divisão do *Emílio*.

A EDUCAÇÃO DA CRIANÇA

No **livro I**, que corresponde aos dois primeiros anos de vida da criança, a educação deve impedir a formação de todo tipo de preconceito, devendo seu preceptor — que irá guiá-lo até o casamento — prepará-lo para ser homem. Aprenderá apenas a viver.

Essa primeira fase deve favorecer o desenvolvimento físico e a liberdade de movimento, para melhor poder entrar em contato com o mundo por meio dos sentidos, descobrindo assim suas diferenças e oposições, como as sensações de calor e frio, por exemplo.

Aos poucos, a criança irá se acostumando às intempéries, tornando-se corajosa e familiarizando-se com qualquer ocorrência e quaisquer sons. Não deve ser introduzido na criança qualquer sentimento diferente da natureza, como, por exemplo, atender ao seu choro como uma forma de pressão ou de obediência à sua vontade, o que colaboraria para a formação de certo tipo de dominação, ou de uma fantasia caprichosa e orgulhosa.

Nessa primeira etapa da vida, "os primeiros desenvolvimentos da infância ocorrem quase todos ao mesmo tempo. A criança aprende a falar, a comer, a andar quase ao mesmo tempo. É, em verdade, a primeira fase de sua vida. Antes ela não é nada mais do que era no ventre da mãe; não tem nenhum sentimento, nenhuma idéia; mal tem sensações, não sente sequer sua própria existência"[12], e sua única fonte de alimento é o leite materno.

A etapa seguinte, referida no **livro II**, ainda faz parte da primeira fase chamada pelo autor de *idade da natureza*, mas já expressa um segundo momento, a partir do qual a criança aprende a falar. Diz Rousseau: "estamos agora no segundo período da vida, naquele em que realmente termina a infância; pois a palavra *infans* e *puer* não são sinônimas. A primeira acha-se compreendida na outra e significa que não pode falar"[13]. Cronologicamente, pode ser situada entre os 2 e os 12 anos.

Inicia-se a educação da sensibilidade, pois, antes de conhecer e julgar, a criança sente; a sensibilidade é anterior à inteligência. "A natureza quer que as crianças sejam crianças antes de serem homens. Se quisermos perturbar essa ordem, produziremos frutos precoces, que não terão maturação nem sabor e não tardarão em corromper-se; teremos jovens doutores e crianças velhas. A infância tem maneiras de ver, de pensar, de sentir que lhe são próprias; nada menos sensato do que querer substituí-las pelas nossas; e seria o mesmo exigir que uma criança tivesse cinco pés de altura do que juízo aos dez anos. Com efeito, que lhe adiantaria ter razão nessa idade?"[14].

Quanto à educação intelectual, não se deve ainda introduzi-la ao mundo dos livros antes dos 12 anos, pois "a leitura é o flagelo das crianças e quase a única ocupação que sabem dar-lhes. [...] Mas é preciso, ao menos, dirão, que saiba ler. Concordo: é preciso que saiba ler quando a leitura lhe for útil; até então ela só servirá para aborrecê-la"[15]. Deve-se partir do próprio interesse sensível da criança. A liberdade necessária à felicidade não pode ser irrestrita por causa da pouca experiência de Emílio, cabendo ao preceptor mantê-lo "apenas sob a dependência das coisas", em uma "liberdade bem regrada".

Gradativamente, aprenderá o que é o bem e o mal a partir das necessidades físicas com que irá se confrontar, nada mais sendo, então, do que o possível e o impossível. As faltas cometidas devem ser corrigidas com punições que sejam uma seqüência "natural" daquelas e não com grandes sermões ou castigos incompreensíveis, sendo as primeiras noções morais conseqüências da própria experiência. A educação moral que aí se inicia deve ater-se a máximas gerais, a exemplos sobre a propriedade, a verdade e a caridade. Dirigindo-se ao preceptor,

---

[12] *Idem*, p. 57.
[13] *Idem*, livro II, p. 58.
[14] *Idem*, p. 75.
[15] *Idem*, p. 109-110.

como homem prudente que deve ser, Rousseau convida-o a atentar longamente para a natureza: "observai cuidadosamente vosso aluno antes de lhe dizerdes a primeira palavra; deixai antes de tudo que o germe de seu caráter se revele em plena liberdade, não exerçais nenhuma coerção a fim de melhor vê-lo por inteiro. Pensais que esse período de liberdade seja perdido para ele? Ao contrário, será o mais bem empregado, pois assim é que aprendereis a não perder um só momento de tão preciosa fase".

E continua indagando ao preceptor: "onde poremos essa criança para educá-la assim como ser insensível, como um autômato? Na lua, numa ilha deserta? Afastada de todos os humanos? Não terá ela continuamente no mundo o espetáculo e o exemplo das paixões alheias? Não verá nunca outras crianças de sua idade? Não verá seus pais, seus vizinhos, sua ama, sua governanta, seu criado, seu mestre, mesmo que, afinal, não será um anjo?".

Um pouco menos irônico, diz a seguir ao preceptor que "essa objeção é séria e sólida. Mas vos terei dito porventura que uma educação natural fosse uma empresa fácil? [...] Mostro a meta que é preciso atingir, não digo que se possa consegui-lo; mas digo que quem dela mais se aproximar terá tido o maior êxito. Lembrai-vos de que antes de ousar tentar fazer um homem é preciso ter-se feito homem a si próprio"[16].

"A primeira educação deve ser estritamente negativa", protegendo o coração do vício e o espírito do erro. De nada serve às crianças, nessa fase, o ensinamento das línguas, da geografia e da história; ela não tem ainda a capacidade reflexiva, portanto nem as idéias, nem os nomes serão retidos: em vez de noções abstratas, forma-se uma inteligência prática, por meio da experiência. Também as fábulas — principalmente as de La Fontaine[17] —, recurso pedagógico recorrente à época que o *Emílio* foi escrito como forma de ensinar a moral às crianças, são incompreensíveis e perigosas; aquelas "... podem instruir os homens; mas é preciso dizer a verdade nua às crianças: desde que se cubra com um véu, elas não mais se preocupam com tirá-lo"[18].

A educação do corpo deve ser despertada por meio de exercícios físicos, de alguns ensinamentos básicos de higiene e da prática da natação. A educação dos sentidos também será iniciada por meio do tato, da visão, da audição, do gosto e do cheiro.

---

[16] *Idem*, p. 80-81.
[17] Jean de la Fontaine (1621-1695), poeta francês.
[18] *Emílio*, p. 104.

A IDADE DA FORÇA

No **livro III**, referente à fase entre 12 e 15 anos, inicia-se a idade da força. Como nesse período as paixões já podem aflorar, a criança deve aprender apenas o que é útil, privilegiando-se a educação intelectual e técnica, passando da necessidade à utilidade. As experiências lhe serão muito mais necessárias que os discursos, pois "não gosto das explicações em discurso; os jovens prestam pouca atenção e não as retêm. As coisas! As coisas! Nunca repetirei bastante que damos demasiada importância às palavras; com essa educação tagarela, não fazemos senão tagarelas"[19].

Nessa etapa, a abstração continua a ser uma forma ineficaz de aprendizado, devendo a educação privilegiar a observação direta da natureza e as lições das coisas: "nenhum outro livro a não ser o mundo, nenhuma outra instrução que não sejam os fatos". É dessa forma que convém aprender a física, a cosmografia e a geografia. Só se deve mostrar o que ela for capaz de ver para que possa então entender do que se trata; a utilidade, para ser compreensível, só pode ter uma necessidade imediata e não um significado posterior, pois "a criança percebe os objetos, mas não pode perceber as relações que os unem, não pode ouvir a doce harmonia do seu concerto"[20].

Em vez de aprender muitas coisas, a criança será preparada apenas para as idéias justas e claras. E os livros, que papel têm nessa idade? Só a leitura de um único livro é recomendada — Robinson Crusoé, visto que se trata da história de um homem sozinho, sem qualquer auxílio de seus semelhantes ou de qualquer recurso civilizado. O exemplo desse homem lhe servirá para também tudo julgar em razão de sua utilidade.

Apesar de educado no campo, Emílio não permanecerá aí para sempre. É necessário começar a prepará-lo para a vida social, procurando mantê-lo protegido das idéias falsas e de todo tipo de preconceito que, como já foi visto, faz parte do estado de sociedade desnaturado. Mas como prepará-lo para essa nova etapa? Ensinando-lhe um ofício; a escolha desse ofício não é aleatória, devendo conciliar a necessidade de ser útil à sociedade e a recusa da servidão. De fato, a atividade manual a que se faz referência nessa altura do texto e a independência do artesão são conceitos muito próximos do verdadeiro estado de natureza.

A idade da razão e das paixões, período que se desenrola entre os 15 e 20 anos, será o tema do **livro IV**. Uma vez que as paixões não podem ser destruídas porque fazem parte da natureza humana, deve-se favorecer e incentivar as que

---

[19] *Idem*, livro III, p. 192.
[20] *Idem*, p. 177.

são naturais, doces e afetuosas, por oposição às que são invenções da sociedade como a vaidade, o ciúme, a ambição, o ódio. "Nossas paixões são os principais instrumentos de nossa conservação: é portanto empresa tão vã quão ridícula querer destruí-las; é controlar a natureza, é reformar a obra de Deus"[21].

É preciso guiar a sensibilidade, não provocando a atenção sobre as paixões violentas, para assim retardá-las, favorecendo sempre as paixões próprias da sociabilidade como a amizade, a piedade, a simpatia, o amor à humanidade, o amor a Deus. Logo, "... o que torna o homem essencialmente bom é ter poucas necessidades e se comparar pouco aos outros; e o que o torna essencialmente mau é ter muitas necessidades e atentar muito para a opinião. Segundo este princípio é fácil ver como podemos dirigir para o bem ou para o mal todas as paixões das crianças e dos homens"[22].

Nessa fase do desenvolvimento já está apto a estudar as relações estabelecidas pelos homens, devendo e mesmo dividir-se em dois momentos: a) as relações estabelecidas com as coisas desenvolvem-se ao longo de sua infância, quando só se conhece por meio de seu ser físico; b) mais tarde, começa a perceber seu ser moral, devendo estudar suas relações com os homens — é desta fase que falamos aqui, a qual deverá se estender ao longo de toda sua vida. Logo Emílio precisará de uma companheira, deixando de ser uma pessoa isolada; "todas as suas relações com sua espécie, todas as afeições de sua alma nascem daquela. Sua primeira paixão faz com que, sem demora, fermentem as outras"[23].

A atração de um sexo pelo outro é um instinto natural. Já a escolha é resultado "da instrução, dos preconceitos, do hábito; são precisos conhecimentos e tempo para que nos tornemos capazes de amor: só se ama depois de ter julgado, só se prefere depois de ter comparado. Tais julgamentos ocorrem sem que nos apercebamos, mas nem por isso deixam de ser reais"[24]. A nova descoberta deverá ser orientada pelo preceptor, na busca da mulher ideal.

A necessidade social que se manifesta leva Emílio a estudar a sociedade, a igualdade, a justiça. Como deverá proceder, então, o preceptor? O jovem deverá ter sua capacidade de reflexão provocada por espetáculos que o prendam, devendo também ser afastado das grandes cidades onde as lições da ordem natural

---

[21] *Idem*, livro IV, p. 234-5.
[22] *Idem*, p. 237.
[23] *Idem*, p. 237.
[24] *Idem*, p. 237.

estão alteradas, pois "o homem da sociedade está todo inteiro na sua máscara[25]", apenas as aparências o impressionam. As paixões levadas ao exagero são sempre prejudiciais; isso não equivale a despertar obrigatoriamente no jovem uma vida monástica; trata-se apenas de procurar comovê-lo diante das misérias humanas, sem acostumá-lo a elas.

Aos poucos, dos sentimentos de amor e ódio, formar-se-ão suas primeiras noções de bem e de mal e depois as idéias de justiça e bondade. Quando começa a se perceber mais entre os outros e a se comparar com eles, esse jovem pretende-se melhor do que todos: nesse momento desperta o amor-próprio e as paixões dele decorrentes. Ao perceber as diferenças entre ele e seus semelhantes, percebe também a desigualdade natural e civil. Os homens e a sociedade não podem ser estudados separadamente; "os que quiserem tratar separadamente da política e da moral nunca entenderão nada de nenhuma das duas"[26]. No entanto, qual a melhor maneira de conhecer os homens, seguindo sempre sua experiência e o progresso de sua razão? A melhor maneira é pela História, pois assim pode-se vê-los agindo e comparar a diferença entre o ser e o parecer, a partir tão-somente da observação dos fatos, antes de qualquer julgamento prévio — tal como fez Tucídides, um grande exemplo de historiador. Além da História, nessa fase é possível recorrer também às fábulas, pois Emílio já é capaz de compreender seu significado.

A EDUCAÇÃO RELIGIOSA

Nessa fase, além dessa educação moral, é preciso educar o jovem do ponto de vista religioso. Por que só agora? Porque só agora será possível ao jovem conceber Deus, sendo então o momento de falar-lhe Dele. A reflexão acerca da educação religiosa é apresentada no livro IV, com o nome de *Profissão de fé do vigário de Sabóia*. Para tanto, Rousseau recorre a um jovem calvinista refugiado em um hospital católico e confundido pela nova doutrina que lhe é ensinada e cujas dúvidas são esclarecidas por um vigário saboiano, homem muito virtuoso e tolerante e, sem dúvida, um personagem que representa o autor do texto. O encontro e o diálogo que a partir daí se estabelece se dão em Turim, junto a uma natureza majestosa, não para descrevê-la apenas, mas para, por meio da análise da natureza humana, estabelecer certos preceitos sobre a religião natural. Parte da convicção de Deus é uma revelação do coração, para estabelecer na seqüência

---

[25] *Idem*, p. 258.
[26] *Idem*, p. 266.

uma meditação racional a respeito dessa questão, embora lhe falte aí qualquer prova mais segura dela; na base de suas idéias religiosas, há uma inabalável necessidade de acreditar.

Uma rápida consulta às luzes naturais mostra ao aluno que ele existe porque tem sensações, e a matéria existe porque ela age sobre seus sentidos; ou seja, a matéria embora inerte nos aparece sempre em movimento, o que equivale à existência de uma vontade[27] que tudo move segundo certas leis.

A ordem sensível do Universo garante a existência do Ser Supremo e o sentimento interior confirma-a, embora não seja possível afirmar sua essência infinita, restando apenas como manifestação o silêncio e a adoração. Rousseau defende, dessa forma, a religião natural e a moral da consciência, ou seja, Rousseau é deísta[28].

O vigário saboiano inicia sua argumentação constatando que nem os filósofos nem a Igreja, com suas verdades ditas universais e inabaláveis, conseguem responder com uma única certeza às nossas questões. Assim sendo, não podemos acreditar no que nos é dado a conhecer; tendo a dúvida como ponto de partida, passamos a limitar nosso raio de interesse para que possamos determinar algum ponto de apoio que possa depois nos servir como guia.

Voltar-nos então para nós mesmos, para as "evidências do nosso coração", para uma espécie de convicção interior, é encontrar esse primeiro ponto. Uma vez que tudo o que é alvo da minha atenção tem algum significado para mim e não para outrem, é por meio das minhas sensações que o mundo exterior me chega.

Esse sentimento interior, perfeitamente coadunável com a posição racionalista de Rousseau, em outros textos será definido tanto como uma espécie de reforço ao nosso raciocínio — servindo para complementá-lo — quanto como um tipo de guia em áreas desconhecidas da razão.

---

[27] Com esta afirmação, Rousseau contrapõe-se ao pensamento materialista de Diderot e de Helvétius, para os quais não havia essa inteligência organizadora e sim o acaso.

[28] O Século das Luzes teve como tema central a crítica à autoridade política e à intolerância religiosa. A *Enciclopédia* foi acusada pelo teor de alguns de seus artigos de aumentar a irreligiosidade e a falta de fé; propor uma liberdade de pensamento sem limites aliada à supremacia da razão em relação à autoridade da fé e da revelação, pôr em dúvida os milagres, estudar os textos sagrados do ponto de vista literário, histórico e filosófico. Embora alguns enciclopedistas defendessem o ateísmo, a maioria tinha uma visão religiosa mais próxima do deísmo, ou seja, aceitavam a existência de uma divindade, mas recusavam a religião revelada e seus dogmas, principalmente o catolicismo. Entendiam que não havia sentido em preparar a vida futura por meio da mortificação e da penitência, pois o homem é dotado de bondade natural e as paixões nada mais são do que movimentos legítimos da alma.

Recorrer ao sentimento interior não é uma atitude que se oponha aos ditames da razão; trata-se antes de ampliá-la nos seus limites naturais. As certezas racionalmente demonstradas são válidas para todos, o que não acontece com as que são inspiradas pela voz interior, que só têm valor individualmente mas, por isso mesmo, são mais autônomas e duradouras. A compreensão sobre a alma humana e seus atributos bem como a de Deus não são concepções claras: podemos acreditar que existem, mas não podemos explicar essa existência. Todavia, Rousseau não pretende que o sentimento interior possa esclarecer esses meandros obscuros do nosso entendimento, mas antes que nos possibilite conhecer sua existência.

A percepção sensorial intimamente ligada ao sentimento interior só garante a minha existência e a de outros corpos e não a causa dessa existência; porque sou um ser inteligente e ativo estabeleço relações entre as coisas que percebo isoladamente. Igualmente sou capaz de observar que esses objetos não estão imóveis, possuem um movimento que é voluntário ou que lhes foi imprimido; é preciso saber o que foi que o produziu, uma vez que a matéria não é capaz de criá-lo espontaneamente: "acredito portanto que uma vontade move o universo e anima a natureza"[29].

Esse movimento não é aleatório, mas regido por determinadas leis, o que demonstra a inteligibilidade dessa vontade primeira, ou seja, Deus. Também esse ser só é pensável para mim se me tomo como ponto de referência; bem como minha existência, a natureza de Deus, a ordem do mundo só podem ser pensadas em relação a mim. Não preciso então de alguém para ditar-me meu relacionamento com Deus; a natureza sozinha pode ser a fonte inspiradora do meu culto, e Ele saberá perceber a sinceridade de meu coração para além dos diferentes cerimoniais e dogmas das diversas religiões.

Sou livre para escolher o que quero fazer; o bem e o mal são de autoria do próprio homem, que encontra o céu e o inferno aqui mesmo; minha contemplação e fruição das obras de Deus na natureza permite-me conhecê-Lo sem a intervenção de ninguém.

Igualmente é a voz interior que será capaz de nos conduzir nas regras de conduta: só a voz da consciência pode orientar-nos na justiça e na virtude, escolhendo livremente entre o bem e o mal; não são os outros ou as sensações que me farão conhecer o bem, mas a razão. A possibilidade de escolha entre o certo e o errado é tão-somente uma prerrogativa humana, sendo o mal ou o bem resultado apenas do nosso livre-arbítrio e não de Deus. A consciência será o guia infalível da liberdade para se conduzir segundo a natureza, isto é, segundo

---

[29] *Emílio*, livro IV, p. 315.

a vontade de Deus, e portanto para levar-nos à felicidade. Consciência, liberdade e razão são as máximas morais.

E as religiões reveladas praticadas pelos homens? Qual é seu valor? Como saber qual é a verdadeira? Como compreender seus dogmas aparentemente contraditórios e de difícil entendimento? Em qual dos milagres acreditar?

De forma muito diversa das religiões naturais, as reveladas impõem-nos uma definição sobre Deus, "explicando-O" por meio de dogmas impositivos e de difícil compreensão; definem o culto como algo uniforme para todos, tendo como guia não mais a natureza, mas os representantes de Deus, que se acreditam escolhidos.

Cada religião revelada tiraniza então minha razão com sua verdade, que ela julga ser a mais verdadeira. Como saber qual é a correta? E os que não conhecem qualquer religião — pergunta nosso vigário — irão irremediavelmente para o inferno?

"Confesso também que a majestade das Escrituras me espanta, que a santidade do Evangelho me comove"[30], mas e suas verdades incompreensíveis que muitas vezes ferem a razão, sendo difíceis de conceber ou admitir por um homem sensato? Por isso, afirma o vigário saboiano, é preciso "ser sempre modesto e circunspecto, meu filho; respeitar em silêncio o que não se pode rejeitar nem compreender, e humilhar-se diante do grande Ser, o único que sabe a verdade"[31].

A VIDA ADULTA

Por fim, no **livro V**, a última parte do *Emílio*, Rousseau trata da idade da sabedoria e do casamento, período decorrente entre 20 e 25 anos. O vigário afirma logo na primeira página que "não é bom que o homem fique só", e como Emílio é homem e lhe foi prometido uma mulher é preciso encontrá-la. "Esta companheira é Sofia. Onde se abriga? Onde a encontraremos? Para encontrá-la é preciso conhecê-la. Saibamos primeiramente como é e julgaremos melhor onde reside; e quando a tivermos achado ainda não estará tudo terminado"[32].

Para melhor definir Sofia, Rousseau aponta as semelhanças e as diferenças entre os dois sexos, ao mesmo tempo que discute a educação intelectual, religiosa, moral e sentimental dela. Sofia deverá ser uma mulher agradável e uma excelente dona de casa. Com apenas 15 anos, é sensível, charmosa, elegante e simples, toca

---

[30] *Idem*, p. 361.
[31] *Idem*, p. 363.
[32] *Idem*, p. 423.

música, mas também sabe cozinhar, costurar e cuidar da casa. Conversa de forma agradável e espontânea. Detentora de grande virtude, pratica o bem.

Durante uma viagem, ao ficar hospedado na casa de uma família, Emílio conhece Sofia e apaixonam-se; no entanto, separam-se, uma vez que ele viaja pela Europa para completar sua educação política. Somente dois anos depois, após o fim dessas viagens, Emílio decide-se pelo casamento. O texto encerra-se com o relato do aluno ao mestre, alguns meses mais tarde, sobre o nascimento de seu filho e sua intenção de educá-lo, ele mesmo, sob a supervisão de seu preceptor.

Mais tarde, o romance entre os dois jovens será tratado autonomamente e apresentado no livro *Emílio e Sofia ou os solitários*.

A escolha da mulher de Emílio pelo preceptor reforça uma das críticas muitas vezes feitas a Rousseau por se tratar de uma falsa liberdade, pois o aluno na verdade escolhe tudo o que o preceptor o leva a escolher. É importante lembrar que Rousseau nunca afirmou que a relação entre os dois é a relação que de fato deve existir entre qualquer mestre e seu aluno, da mesma forma que não se encontra em seu texto a defesa real da educação da criança isolada de tudo e de todos com exceção de seu preceptor, muito embora seja difícil compreender como é possível educar uma criança fora de toda influência social, uma vez que a vida psíquica é social por natureza.

Também é difícil aceitar hoje a visão que nosso autor tem das mulheres — embora totalmente de acordo com seu tempo, é bom frisar! A mulher é inferior porque a natureza a fez mais fraca, sendo portanto natural que ela obedeça ao homem. Educada pela ótica masculina — seu pai ou seu marido —, a mulher tem menos liberdade, aceita com mais facilidade a opinião dos outros, é também menos privilegiada intelectualmente, pois "a arte de pensar não é estranha às mulheres, mas elas não devem interessar-se senão ligeiramente pelas ciências de raciocínio. Sofia tudo concebe mas retém pouca coisa"[33].

Sofia jamais será como Emílio, um sábio, cuja conduta será guiada apenas pela razão.

A AÇÃO POLÍTICA COMO UM DEVER SER

O homem natural é auto-suficiente e em nada depende dos outros, ao mesmo tempo que é bom e sem nenhum vício. Se a finalidade de suas ações não é o mal, pois não é um ser vicioso, ele só busca sua felicidade, só se esforça por si próprio. Ao contrário, a vida em sociedade em que todos fazem parte de um

---

[33] *Idem*, p. 512.

todo exige que as vontades particulares cedam lugar à vontade de todos. Como isso pode ocorrer? Como o homem pode se tornar virtuoso? Como pode perder sua natureza para tornar-se cidadão?

A natureza fez o homem livre, mas "por toda parte se encontra sob grilhões"[34] nas sociedades que criou, como conseqüência dos contratos injustos em que o forte subjuga o mais fraco. É preciso, então, substituir esse falso contrato por um verdadeiro contrato social que garanta a cada cidadão a proteção da comunidade, proporcionando-lhe as vantagens da liberdade e da igualdade; isto é, Rousseau discute no *Contrato social* o que é uma sociedade justa, quais são seus princípios absolutos e se pode decorrer daí algum valor universal.

Logo no início desse livro, assim expressa e delimita o problema de que vai tratar: "Quero indagar se na ordem civil pode existir alguma regra de administração legítima e certa, tomando os homens tais como são e as leis tais como podem ser". Na seqüência, informa seu leitor como pretende executá-lo: "procurarei sempre aliar nessa indagação aquilo que o direito permite com o que o interesse prescreve, para que a justiça e a utilidade não se encontrem sempre divididas"[35].

Aqui, como em outros textos, não se trata de voltar a um suposto estado de natureza, mas de salvaguardar aquilo que pode subsistir da liberdade natural a partir do momento em que a liberdade de um deve compor com a liberdade do outro, deixando de ser aquilo que cada um quer fazer para se transformar no que ambos permitem mutuamente.

Como foi visto na primeira parte deste capítulo, a liberdade inicialmente é precária porque está ligada à noção de propriedade e ao estado de guerra daí decorrente, em que só podem existir o direito do mais forte, de conquista e de escravidão; isto é, em vez da liberdade tem-se a força desses falsos direitos. Para rompê-los, será preciso criar outra força — a força da comunidade — para defender e proteger a pessoa e seus bens, ao mesmo tempo que todos permaneçam tão livres quanto eram no estado de natureza, mas sem voltar a ele.

O CONTRATO SOCIAL E A VONTADE GERAL

O pacto social é um contrato livremente aceito pelos contratantes por meio do qual todos abandonam seus direitos à comunidade e ao qual ninguém pode ser forçado, mas, uma vez aceito, é definitivo e garantidor da igualdade e da liberdade.

---

[34] *Do contrato social*, Petrópolis, Vozes, 1996. livro I, cap. I, p. 70.
[35] Idem, Preâmbulo, p. 69.

A resposta dada no capítulo inicial do *Contrato* leva a um paradoxo; no *Emílio*, Rousseau nos dizia que as "boas instituições sociais são aquelas que sabem melhor desnaturar os homens". A liberdade — definida como inalienável — só pode ser mantida por meio da alienação total de cada um e de todos os seus direitos a toda a comunidade, permanecendo tão livre quanto antes, ganhando então "sua liberdade civil e a propriedade de tudo que possui".

Por meio do contrato social, o homem natural tornou-se um ser moral não mais obedecendo ao instinto mas à razão; da mesma forma, a liberdade individual transformou-se em liberdade civil e as posses em propriedade protegida pela lei[36], portanto garantida pelo Estado.

O estado civil é um artefato por meio do qual a autoridade política restitui, de forma artificial, a liberdade e a igualdade existentes no estado de natureza. Ao alienar sua liberdade natural por meio do pacto social, o homem deixa o estado de natureza para se tornar um homem civil.

Novo paradoxo: só o estado civil — em que o homem degenera — torna possível a liberdade civil e moral. Tal afirmação não indica nem uma contradição, nem uma mudança de opinião por parte de Rousseau. A liberdade natural corresponde a uma independência, isto é, no estado de natureza todos são livres porque ninguém depende do outro, mas essa independência é diretamente proporcional à capacidade humana, sendo por ela limitada; já na sociedade civil as necessidades e desejos de cada um só são atendidos por meio da mútua dependência. A liberdade civil é autônoma, não está submetida à força instintiva do animal, representa a "capacidade de querer dando-se a si mesmo sua lei".

Logo, o paradoxo da liberdade original que não se perde ao ser alienada só é resolvido porque as partes participantes do contrato têm a mesma identidade: o todo, isto é, o povo, contrata com a comunidade. Nova dificuldade: como isso é possível, se a comunidade não existe antes do estabelecimento do contrato, se ela resulta desse contrato?

O ato fundador do povo, o pacto social, é uma convenção e não um fato ou ação históricos, isto é, trata-se de uma convenção tácita decorrente de uma decisão livre e racional, reveladora de uma vontade comum.

Desse "ato de associação" surge "um acordo moral e coletivo", um "eu comum" — esse é o momento da passagem da liberdade natural à liberdade civil. É o ato fundador da cidade, do Estado e da república, o que é o mesmo

---

[36] Diferentemente para John Locke, para quem a propriedade privada constituía um direito natural. Ver a esse respeito *Segundo tratado sobre o governo civil*, cap. V.

que dizer que a vontade geral é o fundamento da soberania do Estado e da autoridade política legítima.

Oposta à opinião pública, a vontade geral é a vontade de cada um dos membros participantes do contrato, enquanto pode ser a vontade de todos não como vontade da maioria, mas como interesse comum. Seu objeto é o todo, não o particular, e tem sua origem no povo e não em um indivíduo ou grupo; por isso mesmo é imune ao despotismo ou à tirania.

É a essa vontade que todos devem obedecer, expressa em uma lei de caráter universal, aplicável a todos e não sobre um fato particular, como uma guerra ou um tratado, devendo, também, ser ditada pelo interesse comum, pois se favorecesse o interesse particular seria despótica.

Como homem particular, cada indivíduo pode ter uma vontade própria diferente e até mesmo oposta à vontade geral. Mas, como cidadão, só pode obedecer à vontade geral, caso contrário será obrigado a fazê-lo pelo corpo político do qual é parte integrante, será "forçado a ser livre".

A liberdade, os bens e mesmo a vida de todo cidadão membro de uma sociedade civil depende da vontade geral: tudo é voluntariamente alienado à comunidade civil por meio do pacto social. Além desse caráter absoluto, a vontade geral também é infalível, pois, sempre que alguém está contra o interesse comum, é essa vontade individual que está errada e não a vontade geral.

Somente a vontade geral pode ser justa e reta, pois só ela tem por finalidade o interesse público. Mas como saber se a vontade sempre é esclarecida, sem nunca cometer enganos? Apenas a vontade geral pode fazer ou revogar leis, mas para isso deve exprimir-se diretamente, sem se fragmentar ou se alienar; isto é, o próprio povo deve legislar, sem delegar seu poder a representantes para que governem em seu lugar. O bom governo para expressão dessa vontade soberana é a democracia direta.

A DEMOCRACIA DIRETA

Como conseqüência da concepção de um pacto de associação, a soberania só pode ser exercida pelo povo, que exerce de fato o poder legislativo, restando ao governo instituído apenas o poder de aplicar as leis. O poder executivo está a serviço daquele, isto é, da vontade geral.

A história humana, porém, prova não ser tão fácil estabelecer um bom governo entre os homens, seja porque há diversos fatores e circunstâncias que podem arruinar definitivamente a legislação ou perpetuá-la, seja porque por natureza o povo tende por inércia a seguir o que for mais fácil sem questionar o funcionamento das instituições estabelecidas. A legislação completa a existência e a vida dada pelo pacto social ao sistema político, conferindo-lhe "o movimento e a vontade" que permitirão sua conservação. Como o soberano é uma pessoa pública, um ser abstrato, sua ação só é possível por meio das leis, nada mais sendo a legislação que um ato da vontade geral, do eu comum, nascido do contrato. Para Rousseau, o "direito legislativo" decorrente da soberania não é mais um atributo de um representante, como para outros autores, mas atributo do povo.

A obra legisladora tem um caráter racional, ao operar uma renovação em nome da razão: a vontade pública, cuja vocação é dirigir as forças do Estado "segundo a finalidade de sua instituição, que é o bem comum", decorre da razão que a ditou; e a legislação, como expressão da vontade geral, é, ao mesmo tempo, a expressão dos dados imediatos da razão.

A racionalidade da obra legisladora explica que partindo de todos as leis valem para todos: esse é o verdadeiro caráter da lei. Não podendo errar porque resulta da vontade geral, a lei dita a cada um dos cidadãos os preceitos da razão pública. É a forma da lei que garante sua perfeição.

A justiça só pode, portanto, decorrer da lei e não precedê-la, uma vez que as leis têm como finalidade o maior bem de todos ao forçar os homens — porque iguais — a serem livres e justos. Só se pode ser livre aderindo à obrigação racional engendrada pelas leis civis quando o instinto é substituído pela justiça e a independência do estado de natureza é substituída pela liberdade civil. Os direitos do estado civil só podem ser fixados pela racionalidade da legislação que justifica a necessidade das leis positivas, "o único móvel do corpo político".

Se a vontade geral nunca erra, ao contrário da vontade particular, por que o povo, mesmo querendo seu bem e sua felicidade, muitas vezes não consegue percebê-los? Essa será a tarefa do Legislador — esclarecer o povo —, não cabendo a ele nem fazer as leis, nem aplicá-las. Sua tarefa é tão extraordinária quanto sua natureza, consistindo por seu caráter providencial, em educar o povo. Usando mais da persuasão do que da autoridade, o legislador se esforça para que o interesse geral se sobreponha aos interesses particulares dos cidadãos. Esse "homem extraordinário" tem talentos próximos aos dos deuses. É um "homem superior", "uma espécie de herói que vive todas as paixões dos homens sem experimentar nenhuma".

Por isso, a obra de legislação é uma tarefa árdua, de difícil realização, pois nem sempre o povo e seu educador compreendem a mesma língua: a deste é muito erudita, a daquele é insuficiente. Os meios de ação que o legislador deve empregar para atingir seu fim devem persuadir sem convencer, ou seja, ele pode recorrer à religião. Mais do que esclarecer os povos, é preciso transformá-los.

4 Conclusão

UTOPIA ROUSSEAUNIANA?

Para muitos de seus críticos, Rousseau não passaria de um pensador utópico, interessado em propor a possibilidade de uma sociedade feliz e harmônica. Mas essa é uma visão muito reducionista.

Ao mesmo tempo, também seria um erro afirmar que Rousseau pensa a viabilização do ideal do *Contrato social*, por meio de uma proposta revolucionária. Não propõe um rompimento drástico como forma de superação das contradições existentes; a passagem de uma forma de governo a outra não é garantia da passagem de uma sociedade corrompida para uma sociedade civil decorrente do pacto social.

A solução proposta por Rousseau é uma solução pontual e não generalizadora; é preciso tratar de forma diferenciada a pequena sociedade e a grande sociedade. A pequenos territórios corresponderiam pequenos países, organizados em pequenas sociedades. Nestas, quando ainda na juventude do seu desenvolvimento, seria possível exercer a vontade geral como fundamento da própria sociedade.

E quando a sociedade já estiver corrompida? O que é possível fazer? Apenas salvar um ou outro indivíduo — como mostra o *Emílio*. Portanto, a educação é a única "revolução" proposta por Rousseau: age sobre as sociedades já formadas (mesmo que limitadamente) e age sobre o cidadão ainda em formação, sendo esta sua grande função.

UM PENSAMENTO INOVADOR

Todos os grandes movimentos sociais e políticos do século XVIII revelam a influência de Rousseau, a começar pela Revolução Francesa, passando pela Guerra da Independência Americana e pelas declarações de direitos dos homens e dos cidadãos.

Apesar dos conflitos travados com os poderes público e religioso e com os enciclopedistas, Rousseau influenciou a maioria dos autores pré-revolucionários e de tendências variadas, como André Chenier, Bernardin de Saint-

Pierre, Marquês de Sade, Restif de la Bretonne, Sebastien Mercier, Laclos, entre outros.

Por ser um autor cujo pensamento era repleto de paradoxos, foi lido e apropriado por autores diferentes. Até às vésperas da Revolução Francesa, o *Contrato social* exerceu influência sobre os membros dos dois grandes partidos que se formaram e disputaram o poder depois de 14 de julho de 1789: girondinos e jacobinos. Pelo menos três grandes líderes da Revolução Francesa fizeram de Rousseau seu mentor: Marat (1743-1793), Robespierre (1758-1794) e Saint-Just (1767-1794). O todo que se reconhece na parte (festa cívica) contribuiu para a constituição do sujeito coletivo expresso pelo jacobinismo na noção de *Ser supremo*. Também Babeuf (1760-1797) e a ala revolucionária mais radical foram influenciados por Rousseau. No século seguinte, os anarquistas encontraram no pensamento de Rousseau a base teórica de que necessitavam para sua defesa de uma sociedade sem poder central.

Embora com tantos seguidores, Rousseau também foi alvo de críticas por parte dos representantes da aristocracia e defensores do Antigo Regime, como, por exemplo, Joseph de Maistre (1794), d'Escherny (1796), Chateaubriand (*Memórias de além-túmulo*) etc. Para eles, as dificuldades que a França enfrentava naquele final de século deviam-se à filosofia iluminista, particularmente a Rousseau, mais do que a qualquer outro dos iluministas, responsabilizando-o pela violência que acompanhou o processo revolucionário.

O século XIX nos permite ver com clareza essa atmosfera de ódio e paixão despertada por Rousseau:

• na França, Napoleão Bonaparte, que a princípio foi simpatizante das idéias de Rousseau, ao se tornar primeiro cônsul julga-o responsável pela Revolução Francesa e pelos seus danos, desencadeando durante o império um clima desfavorável a Rousseau, ao qual se somou, durante a Restauração, uma reação negativa por parte dos católicos;

• ao mesmo tempo, era criticado por Benjamin Constant, um liberal, como defensor da tirania. Outros, como Auguste Comte e Lamartine, fizeram a mesma afirmação;

• antes inspirador dos anarquistas, agora os socialistas utópicos como Proudhon viam nele um defensor da propriedade privada capitalista e um inimigo da classe trabalhadora;

• ironicamente, os conservadores acusavam-no de inimigo público, por ser um anarquista!;

- vários dos escritores e poetas românticos do século XIX foram influenciados por ele — como George, Sand, Michelet e Victor Hugo (*Os Miseráveis*), além daqueles que o criticaram, como Stendhal (*Henri Brulard*), Lammenais (*Médico do interior*) e Balzac;
- na Alemanha, Rousseau foi extremamente admirado ao longo do século XIX. Primeiramente, Emmanuel Kant considera sua obra um marco tão importante para a história das idéias quanto a obra de Newton para a Física. Mais tarde, Hegel aponta para a importância de seu pensamento, principalmente a reflexão sobre o Estado. Além deles, Herder, Goethe e Schiller foram influenciados por Rousseau. Já Nietzsche, um dos grandes filósofos alemães do XIX, irá classificá-lo como "um representante da moral dos escravos";
- na Inglaterra, ao mesmo tempo que influenciará autores como Byron, Shelley, sofrerá ataques de outros, como Burke e Carlyle.

Embora no início do século XX pensadores conservadores ainda repudiassem a influência da moral rousseauniana por julgá-la corruptora das boas tradições, o pêndulo do movimento foi novamente favorável a Rousseau, ainda que, no final do século XIX, essa recuperação já tivesse começado na França. Um fato decisivo para a mudança, que contribuiu positivamente para o estudo das obras de Rousseau, foi a fundação em Genebra, em 1904, da *Sociedade Jean-Jacques Rousseau*. Desde então, têm sido publicados os *Anais da sociedade Jean-Jacques Rousseau*, com textos críticos sobre Rousseau e sua obra.

A literatura sobre Rousseau, no século XX, tem dois momentos significativos:
- aquela empreendida nos primeiros anos por P. M. Masson, cuja publicação *La religion de Jean-Jacques Rousseau*, de 1916, é fundamental para o estudioso de Rousseau que quer entender sua origem calvinista e a posterior conversão ao catolicismo, bem como a importância da religião para seu pensamento; a partir desse momento, a Igreja católica passou a ser mais tolerante com a herança cultural de Rousseau;
- aquela que proliferou principalmente depois da segunda metade do século, caracterizando-se por um estudo crítico e aprofundado de suas obras e distanciado das relações de paixão e ódio que, como vimos, sempre marcaram a maneira como a posteridade leu Rousseau. Entre esses autores, merecem destaque: Robert Derathé, Burgelin, Masters, Vaughan, Jean Starobinski. Mais recentemente, além dos estudiosos europeus, encontramos alguns grupos que

se destacam, nos Estados Unidos, no Canadá e mesmo no Japão e na Nova Zelândia! No Brasil, aos poucos, constrói-se uma tradição, mesmo que lentamente, iniciada com Lourival Gomes Machado, continuada depois por Bento Prado Junior e a seguir por Luiz Roberto Salinas Fortes, além de representantes das gerações mais novas.

Finalmente, poderíamos perguntar se hoje encontraríamos no pensamento de Rousseau alguma atualidade — certamente não como solução para os males de nossa época, mas como um filósofo que provoca nossa reflexão.

Por várias razões a resposta é positiva:

1. Ainda é atual o debate sobre as relações entre a natureza e a cultura que estavam presentes em seus dois primeiros Discursos. "Quando se quer estudar os homens — afirmava Rousseau — é preciso olhar perto de si; mas para estudar o homem é preciso primeiro observar as diferenças para descobrir as propriedades"[37]. Em seu texto "Jean-Jacques Rousseau, fundador das ciências do homem", Claude Lévi-Strauss, um dos grandes pensadores do século XX, afirma: "Rousseau não se limitou a prever a etnologia: ele a fundou. Em primeiro lugar, de maneira prática, escrevendo esse *Discurso sobre a origem e os fundamentos da desigualdade entre os homens*, que coloca o problema das relações entre a natureza e a cultura e onde podemos ver o primeiro tratado de etnologia geral; e, em seguida, no plano teórico, distinguindo com uma clareza e uma concisão admiráveis o objeto próprio do etnólogo, do moralista e do historiador".

2. A questão dos direitos do indivíduo, hoje, continua a ser um desafio, por meio dos direitos das minorias; as relações entre os direitos do indivíduo e os da comunidade ainda constituem um impasse.

3. O direito internacional, talvez mais do que nunca, depara com a questão da autonomia dos povos: como é possível exercer a soberania, quando a noção contemporânea de tolerância muitas vezes equivale ao seu contrário, isto é, à negação de toda cultura diferente da estabelecida majoritariamente?

4. Como conseqüência, de que forma resolver as contradições da democracia? Rousseau parece ter razão ao apontar para a falácia inerente à idéia de representação. Como posso interferir sobre a decisão do meu representante depois de eleito e empossado? Como impedi-lo de votar em um projeto que eu,

---

[37] Salinas.

como eleitor, desaprovo? Uma vez que essa interferência não pode ser feita, a soberania, para Rousseau, está comprometida.

A atualidade do pensamento do Cidadão de Genebra talvez possa ser resumida por meio da sua paixão pela liberdade: "Renunciar à sua liberdade é renunciar à sua qualidade de homem, aos direitos da humanidade e mesmo a seus deveres".

Santa Teresa do Alto, 13/10/2001.

Parte II

Antologia

Discurso sobre as ciências e as artes

[AS CIÊNCIAS, AS LETRAS E AS ARTES][1]

"Discurso sobre as ciências e as artes".
Oeuvres complètes – Bibliotèque de la Plèiade.
Paris, Éditions Gallimard, 1964. v. III.

I

O espírito tem suas necessidades, assim como o corpo. Estas são o fundamento da sociedade, aquelas constituem seu ornamento. Enquanto o Governo e as leis garantem a segurança e o bem-estar dos homens reunidos, as ciências, as letras e as artes, menos despóticas e talvez mais poderosas, estendem guirlandas de flores sobre as cadeias de ferro que estão sobre eles, neles abafando o sentimento dessa liberdade original para a qual pareciam ter nascido, fazendo-os amar sua escravidão, constituindo aquilo que chamamos povos policiados. (p. 6-7)

II

Antes que a arte tivesse polido nossas maneiras e tivesse ensinado nossas paixões a falar uma linguagem apurada, nossos costumes eram rústicos mas naturais, e a diferença no agir de imediato denunciava os diferentes caracteres. A natureza humana, no fundo, não era melhor, mas os homens encontravam sua segurança na facilidade com que se entendiam reciprocamente, e esta vantagem, da qual não sentimos mais o valor, poupava-os dos vícios.

Hoje, quando conhecimentos mais sutis e um gosto mais apurado reduziram a arte de agradar a princípios, reina em nossos costumes uma vil e enganosa uniformidade, e todos os espíritos parecem ter sido postos no mesmo molde: freqüentemente a polidez exige, o decoro ordena; freqüentemente seguem-se os usos e não o próprio talento. Não mais se ousa parecer aquilo que se é e, nessa contínua pressão, os homens, que formam esse rebanho que se chama sociedade, defrontados com as mesmas circunstâncias, farão todos as mesmas coisas se não forem desviados por motivos mais fortes. (p. 8)

---

[1] Os títulos entre colchetes não pertencem ao texto original.

III

Oh, Fabrício! Que teria pensado vossa grande alma, se para vossa infelicidade, voltando à vida, tivésseis visto a face pomposa dessa Roma salva por vosso braço e que vosso nome respeitável tornou mais ilustre do que todas as suas conquistas? "Deuses!", teríeis dito, "em que se transformaram esses telhados de palha e esses lares rústicos outrora habitados pela moderação e pela virtude? Que esplendor funesto substituiu a simplicidade romana? Que linguagem estranha é essa? Que costumes efeminados são esses? Que significam essas estátuas, esses quadros, esses edifícios? Insensatos, que fizestes? Vós, os senhores das nações, vós vos tornastes os escravos dos homens frívolos que havíeis vencido?" (p. 14)

[RESPOSTAS ÀS OBJEÇÕES]

I

"Respostas às objeções. Carta ao Rei da Polônia, Duque de Lorena".
Oeuvres complètes – Bibliotèque de la Plèiade.
Paris, Éditions Gallimard, 1964. v. III.

O que ousei defender e acredito ter provado foi que a cultura das ciências corrompe os costumes de uma nação. Como, então, poderia eu ter dito que em cada homem em particular a ciência e a virtude são incompatíveis, eu que exortei os príncipes a chamar às suas cortes os verdadeiros sábios e a neles confiar para que ao menos uma vez se possa ver o que podem a ciência e a virtude reunidas para a felicidade do gênero humano? (p. 39)

II

"Última resposta de Rousseau (ao Sr. Bordes)".
Oeuvres complètes – Bibliotèque de la Plèiade.
Paris, Éditions Gallimard, 1964. v. III.

O luxo nutre cem pobres nas nossas cidades ao mesmo tempo que faz perecer cem mil deles em nossos campos. O dinheiro que circula entre as mãos dos ricos e dos artistas para alimentar suas superfluidades não contribui para a subsistência do trabalhador: este não tem roupas exatamente porque aqueles precisam de galões. Só o desperdício de tudo que serve à alimentação dos homens já é suficiente para tornar o luxo odioso à humanidade. Meus adversários devem se sentir bem felizes que a culpável delicadeza de nossa língua me impeça de entrar nos detalhes que os fariam enrubescer com a causa que ousam defender. Precisam-se de sucos nas nossas cozinhas — por isso falta caldo a tantos doentes. Precisam-se de licores nas nossas mesas — por isso o camponês bebe apenas água. Precisa-se de talco nas nossas perucas — por isso tantos pobres não têm nenhum pão. (p. 79, nota)

A origem da desigualdade

[DO ESTADO NATURAL AO CIVIL]

I

"Discurso sobre a origem e os fundamentos da desigualdade entre os homens".
Oeuvres complètes – Bibliotèque de la Plèiade.
Paris, Éditions Gallimard, 1964. v. III.

Oh! homem, de qualquer região que sejas, quaisquer que sejam tuas opiniões, escuta-me. Eis tua história tal como eu creio lê-la, não nos livros de teus semelhantes, que são mentirosos, mas na natureza que não mente jamais; tudo que está nela é verdadeiro, só haverá algo de falso se sem intenção a ela se misturar alguma opinião minha. Falarei de tempos bem distantes: como mudastes em relação ao que eras! É por assim dizer a vida de tua espécie que te vou descrever, a partir das qualidades que recebestes e que tua educação e teus hábitos conseguiram depravar, mas não puderam destruir. (p. 133)

II

Mas, ainda que por um momento as dificuldades que envolvem todas as questões deixassem de causar polêmica sobre a diferença entre o homem e o animal, haveria uma outra qualidade muito específica que os distingue e sobre a qual não pode haver contestação: é a faculdade de aperfeiçoar-se. Faculdade que, com a ajuda das circunstâncias, desenvolve sucessivamente todas as outras, e está em nós tanto na espécie quanto no indivíduo, enquanto um animal é ao fim de alguns meses aquilo que será ao longo de toda sua vida, e sua espécie ao final de mil anos aquilo que era no primeiro desses mil anos. Por que apenas o homem está sujeito a tornar-se imbecil? Não seria porque ele volta assim ao seu estado primitivo, enquanto a besta, que nada adquiriu e que nada tem a perder, permanece sempre com seu instinto, e o homem, tornando a perder pela velhice ou por outros acidentes tudo que sua *perfectibilidade* lhe tinha feito adquirir, torna a cair mais baixo que a própria besta? Seria triste para nós sermos forçados a convir que essa faculdade distintiva e quase ilimitada é a fonte de todos os males do homem; que é ela que com o passar do tempo o tira dessa condição originária na qual ele passaria dias tranqüilos e inocentes; que é ela que, fazendo eclodir com os séculos suas luzes e seus erros, seus vícios e suas virtudes, o torna aos poucos o tirano de si mesmo e da natureza. (p. 142)

III

Os únicos bens que [o homem selvagem] conhece no Universo são a alimentação, uma fêmea e o repouso; os únicos males que teme são a dor e a fome. Digo a dor e não a morte, pois jamais o animal saberá o que é morrer e o conhecimento da morte e de seus terrores é uma das primeiras aquisições que o homem fez ao se distanciar da condição animal. (p. 143)

IV

Em princípio, parece que os homens, não tendo entre eles nenhuma espécie de relação moral, nem de deveres estabelecidos, não podem ser nem bons nem maus, e não têm nem vícios nem virtudes, a menos que, tomando esses nomes em um sentido físico, chamem-se vícios no indivíduo as qualidades que podem prejudicar a sua própria conservação, e virtudes aquelas que para ela podem contribuir; em todo caso, é necessário chamar mais virtuoso àquele que menos resistir aos simples impulsos da natureza. (p. 152)

V

O primeiro que tendo cercado um terreno lembrou-se de dizer *isto é meu*, e encontrou pessoas suficientemente simples para acreditá-lo, foi o verdadeiro fundador da sociedade civil. Quantos crimes, guerras, mortes, misérias e horrores não pouparia ao gênero humano aquele que arrancando os mourões ou nivelando o fosso tivesse gritado aos seus semelhantes: "Poupai-vos de dar ouvidos a esse impostor, estareis perdidos se esquecerdes que os frutos pertencem a todos e que a terra não pertence a ninguém!". Mas tudo indica que as coisas chegaram a um ponto de não mais poderem perdurar como eram; essa idéia de propriedade, dependendo de muitas outras idéias anteriores que só poderiam ter nascido sucessivamente, não se formou repentinamente no espírito humano. Antes de chegar a essa última etapa do estado de natureza foi necessária a aquisição de muito progresso, muita indústria e muitas luzes, transmitindo-os e aumentando-os a cada geração, antes de chegar a essa última etapa do estado de natureza. (p. 164)

VI

Assim, descobrindo e seguindo os caminhos esquecidos e perdidos que levaram o homem do estado natural ao estado civil, restabelecendo com as etapas intermediárias que acabo de marcar aquelas que o tempo que me pressiona me fez suprimir ou que a imaginação não me sugeriu, todo leitor atento ficará surpreso com a imensa distância que separa esses dois estados. É nessa lenta sucessão das coisas que ele verá a solução de uma infinidade de problemas de moral e de política que os filósofos não puderam resolver. Ele entenderá que o gênero humano de uma época não sendo o gênero humano de uma outra época foi o motivo pelo qual Diógenes não encontrou nenhum homem: procurava entre seus contemporâneos o homem de um tempo que não mais existia. Catão, dirá ele, pereceu com Roma e a liberdade, porque estava deslocado em seu século, e o maior dos homens só fez surpreender o mundo que ele poderia ter governado 500 anos antes. Em uma palavra, ele explicará como a alma e as paixões humanas se alteraram insensivelmente, mudando, por assim dizer, de natureza, seja porque nossas necessidades e nossos prazeres aos poucos mudaram de objetos, seja porque, o homem original se esvanecendo progressivamente, a sociedade só oferece aos olhos do sábio um amontoado de homens artificiais e de paixões factícias que são a obra de todas essas novas relações, e não têm nenhum fundamento verdadeiro na natureza. Aquilo que a reflexão nos ensina sobre isso, a observação o confirma perfeitamente: o homem selvagem e o homem policiado diferem de tal forma no fundo do coração e nas suas inclinações que o que faz a felicidade suprema de um reduziria o outro ao desespero. O primeiro respira apenas repouso e liberdade, apenas quer viver e permanecer ocioso, e a própria ataraxia do estóico não se aproxima de sua profunda indiferença por todo outro objeto. Ao contrário, o cidadão sempre ativo, cansado, agita-se, atormenta-se sem cessar procurando ocupações ainda mais laboriosas: ele trabalha até a morte, corre mesmo ao seu encontro para poder viver ou renuncia à vida para adquirir a imortalidade; corteja os grandes que detesta e os ricos que despreza; não perde a oportunidade de ter a honra de servi-los, gabando-se orgulhosamente de sua baixeza e da proteção que lhe dão, e, confiante na sua escravidão, refere-se com desdém àqueles que não têm a honra de partilhá-la. Que espetáculo para um caraíba os trabalhos penosos e invejáveis de um ministro europeu! Quantas mortes cruéis não preferiria esse indolente selvagem ao horror de uma semelhante vida que freqüentemente nem mesmo é adoçada pelo prazer da generosidade? Mas, para alcançar o significado dessas inquietações, seria necessário que as palavras *poder* e *reputação* tivessem um sentido em seu espírito e que soubesse que há uma espécie de homens que valoriza os olhares do resto do Universo, sentindo-se mais satisfeitos com o testemunho do outro sobre si mesmo do que com o seu próprio. Tal é, de fato, a verdadeira causa de todas essas diferenças: o selvagem vive nele mesmo, o homem social sempre fora de si, só sabe viver baseando-se na opinião dos outros, e é, por assim dizer, apenas do julgamento deles que tira o sentimento de sua própria existência. Não faz parte do meu tema mostrar como, de uma tal disposição, nasce tanta indiferença pelo bem e pelo mal com tão belos discursos de moral; como, tudo se reduzindo às aparências, tudo se torna factível e representado, a honra, a amizade, a virtude e freqüentemente até os vícios nos quais enfim se encontra o segredo de se glorificar; como, em uma palavra, perguntando sempre aos outros aquilo que nós somos e não ousando jamais nos interrogarmos nós mesmos; em meio a tanta filosofia, humanidade, polidez e máximas sublimes, nós temos apenas um exterior enganoso e frívolo, de honra sem virtude, da razão sem sabedoria, e do prazer sem felicidade. Basta-me ter provado que esse não é o estado original do homem, e que é apenas o espírito da sociedade e de desigualdade que ela engendra que mudam e alteram desse modo todas as nossas inclinações naturais.

    Esforcei-me em expor a origem e o progresso da desigualdade, o estabelecimento e o abuso das sociedades políticas, tanto quanto essas coisas podem se deduzir da natureza do homem apenas pelas leis da razão e independentemente dos dogmas sagrados que dão à autoridade soberana a sanção do direito divino. Segue-se do que foi exposto que a desigualdade, sendo quase nula no estado de natureza, tira sua força e seu crescimento do desenvolvimento de nossas faculdades e dos progressos do espírito humano, tornando-se enfim estável e legítima pelo estabelecimento da propriedade e das leis. Daí segue-se que a desigualdade moral, autorizada somente pelo direito positivo, é contrária ao direito natural sempre que não é proporcional à desigualdade física; distinção que determina suficientemente aquilo que se deve pensar em relação a essa espécie de desigualdade que reina no meio de todos os povos policiados; posto que é manifestamente contra a lei da natureza, qualquer que seja sua definição, que uma criança dirija um velho, que um imbecil conduza um homem sábio, ou que um punhado de pessoas regurgite superfluidades enquanto falta o necessário à multidão esfomeada. (p. 191-194)

[A DESIGUALDADE INSTITUÍDA]

Discurso sobre a economia política. Trad. Maria Constança Peres Pissarra. Petrópolis, Vozes, 1995. p. 51-52.

Uma terceira razão [para o inconveniente da taxa pessoal] que nunca é apontada e que sempre se deveria considerar inicialmente diz respeito às utilidades que cada um retira da confederação social, que protege fortemente as imensas posses do rico e apenas permite ao pobre desfrutar o casebre que construiu com suas mãos. Todos os favores da sociedade não são para os poderosos e os ricos? Todos os empregos lucrativos não são preenchidos apenas por eles? Todas as vantagens, todas as isenções não estão reservadas a eles? E a autoridade pública não lhes é totalmente favorável? Um homem de posição que roube seus credores ou faça suas vigarices não está sempre certo da impunidade? Os golpes que aplica, as violências que comete, as mortes e mesmo os assassinatos dos quais é culpado não são atenuados, e, ao final de seis meses, já não têm mais importância? Mas, que esse mesmo homem seja roubado: toda a polícia é acionada e pobres dos infelizes dos quais ele suspeitar. Ele passa por um lugar perigoso? Logo a escolta é colocada a campo. O eixo de sua carruagem rompe-se? Num abrir e fechar de olhos toda segurança lhe é dada. Alguém faz barulho à sua porta? Basta que diga uma palavra e tudo se cala. A multidão o incomoda? Ele faz um sinal e tudo está em ordem. Um cocheiro atrapalha sua passagem? Seus empregados estão prontos para abatê-lo. E cinqüenta homens honestos e piedosos, indo para o trabalho, serão abatidos com muito mais facilidade do que retardado um malandro ocioso na sua carruagem. Todos esses ocorridos não lhe custam um centavo; são os direitos do homem rico e não o preço da riqueza. Como a situação em que se encontra o pobre é diferente! Quanto mais a humanidade lhe deve, mais a sociedade lhe recusa: todas as portas lhe são fechadas, mesmo quando ele tem o direito de fazê-las abrir e, se alguma vez se consegue fazer cumprir a justiça, é com muito mais dificuldade que outro que obtém alguma graça: se há corvéias para aplicar, ou uma ronda a ser efetuada, é ele o escolhido; carrega sempre, além de sua carga, aquela de que seu vizinho mais rico fica isento; ao menor acidente que lhe ocorra, todos se afastam dele; se sua modesta charrete tomba, em vez de ser ajudado por alguém, acredito que pode se dar por feliz se evitar os insultos das pessoas elegantes que acompanham um jovem duque; em uma palavra, suas necessidades escapam a toda assistência gratuita, precisamente porque não tem como pagá-la, e acredito que é um homem perdido se tem a infelicidade de possuir a alma honesta, uma filha amável e um vizinho poderoso.

Emílio ou da educação

[A MATERNIDADE E A NATUREZA]

I

Emílio ou da educação. Trad. Sérgio Milliet. Rio de Janeiro, Bertrand Brasil, 1995. livro I, p. 12-22.

Nascemos sensíveis e desde nosso nascimento somos molestados de diversas maneiras pelos objetos que nos cercam. Mal tomamos por assim dizer consciência de nossas sensações e já nos dispomos a procurar os objetos que as produzem ou a deles fugir, primeiramente segundo nos sejam elas agradáveis ou desagradáveis, depois segundo a conveniência ou a inconveniência que encontramos entre esses objetos e nós, e, finalmente, segundo os juízos que fazemos deles em relação à idéia de felicidade ou de perfeição que a razão nos fornece. Essas disposições se estendem e se afirmam à medida que nos tornamos mais sensíveis e mais esclarecidos; mas, constrangidas por nossos hábitos, elas se alteram mais ou menos sob a influência de nossas opiniões. Antes dessa alteração, elas são aquilo a que chamo em nós a natureza.

II

Tive a oportunidade de ver, por vezes, o jeitinho das jovens mulheres que fingem querer amamentar seus filhos. Sabem fazer com que as instiguem a renunciar a tal fantasia: fazem com que intervenham habilmente os maridos e os médicos, sobretudo as mães. Um marido que ousasse consentir que sua mulher amamentasse o filho seria um homem perdido; tachariam-no de assassino desejoso de se livrar dela. Maridos prudentes precisam imolar o amor paterno no altar da paz. Felizes os que encontram no campo mulheres mais virtuosas do que as próprias! Mais felizes ainda em acontecendo que o tempo, por estas ganho, a outros não se destine.

O dever das mulheres não é discutível; o que se discute é se, em o menosprezando, importa serem os filhos amamentados por elas ou por outras. Considero essa questão, de que são juízes os médicos, como resolvida em favor das mulheres. Parece-me a mim, de resto, que mais vale a criança mamar o leite de uma ama saudável que o de uma mãe degenerada, se houvesse algum mal a temer do sangue que tem nas veias.

Mas deve-se encarar o problema exclusivamente pelo lado físico? E terá a criança menos necessidade dos cuidados de uma mãe que de seu seio? Outras mulheres, e até bichos, poderão dar-lhe o leite que ela lhe recusa: a solicitude materna não se supre. É mãe condenável a que alimenta o filho de outra em lugar do seu: como poderia ser uma boa ama? Poderá tornar-se, porém lentamente; será preciso que o hábito mude a natureza; e a criança mal tratada terá tempo de morrer cem vezes antes que a ama por ela se tome de uma ternura de mãe.

Dessa vantagem já resulta um inconveniente que deveria tirar de toda mulher sensível a coragem de fazer amamentar o filho por outra: o de partilhar o direito de mãe, ou antes o de aliená-lo. O de ver seu filho amar outra mulher tanto quanto ela, ou mais; o de sentir que a ternura que conserva por sua mãe verdadeira é uma graça e a que dedica a sua mãe adotiva um dever; pois onde encontro os cuidados de uma mãe devo ter o apego de um filho?

III

[...] As mulheres deixaram de ser mães: não o serão mais; não o querem mais ser. Ainda que o quisessem, mal o poderiam. Agora que o costume contrário se estabeleceu, cada uma delas teria de combater a oposição de todas as companheiras, ligadas contra um exemplo que algumas não deram e que outras não querem seguir.

Encontram-se ainda por vezes, entretanto, jovens mulheres de bom natural que, ousando enfrentar, sob esse aspecto, o império da moda, cumprem com virtuosa intrepidez o dever tão suave que a natureza lhes impõe. Possa seu número aumentar com a atração dos bens destinados às que a ele se entregam! Baseado nas conseqüências que oferece o mais simples raciocínio, e em observações que nunca vi desmentidas, ouso prometer a essas dignas mães um apego sólido e constante de seus maridos, uma ternura realmente filial por parte de seus filhos, a estima e o respeito do público, partos felizes sem acidentes nem conseqüências, uma saúde constante e vigorosa, o prazer, enfim, de se verem um dia imitadas por suas filhas e citadas como exemplo às de outrem. [...]

Em não havendo mãe, não pode haver filho. Entre ambos os deveres são recíprocos; e se são mal cumpridos de um lado, de outro são negligenciados. O filho deve amar a mãe antes de saber se o deve. Se a voz do sangue não for fortalecida pelo hábito e pelos cuidados, ela se extinguirá nos primeiros anos, e o coração morrerá (por assim dizer) antes de nascer. Eis-nos, desde os primeiros dias, fora da natureza.

[A INFÂNCIA DE EMÍLIO]

I

Emílio ou da educação. Trad. Sérgio Milliet. Rio de Janeiro, Bertrand Brasil, 1995. livros II-III, p. 61-190.

Homens, sejais humanos, é vosso primeiro dever; e o sejais em relação a todas as situações sociais, a todas as idades, a tudo o que não seja estranho ao homem. Que sabedoria haverá para vós fora da humanidade? Amai a infância; favorecei seus jogos, seus prazeres, seu amável instinto. Quem de vós não se sentiu saudoso, às vezes, dessa idade em que o riso está sempre nos lábios e a alma sempre em paz? Por que arrancar desses pequenos inocentes o gozo de um tempo tão curto que lhes escapa, de um bem tão precioso de que não podem abusar? Por que encher de amarguras e de dores esses primeiros anos tão rápidos, que não voltarão nem para vós nem para eles? Pais, sabeis a que momento a morte espera vossos filhos? Por que encher de amarguras e de dores esses primeiros instantes que a natureza lhes dá; desde o momento em que possam sentir o prazer de serem, fazei com que dele gozem; fazei com que, a qualquer hora que Deus os chame, não morram sem ter gozado a vida. [...]

É, respondereis-nos, o momento de corrigir as más inclinações do homem; é na infância, quando as penas são menos sensíveis, que é preciso multiplicá-las, a fim de poupá-las na idade da razão. Mas quem vos diz que todo esse arranjo está à vossa disposição e que todas essas belas instruções com que encheis o fraco espírito de uma criança, não lhe serão um dia mais perniciosas do que úteis? Quem vos assegura que lhe poupais alguma coisa com as amarguras que lhe prodigalizais? Por que lhe dais maiores dissabores do que comporta seu estado, sem terdes a certeza de que esses males presentes aliviarão o futuro? E como me provareis que essas más tendências de que a pretendeis curar não lhe vêm de vossos cuidados mal entendidos, muito mais que da natureza? Infeliz providência que faz um ser desgraçado no momento, na esperança de torná-lo feliz um dia! Se tais raciocinadores vulgares confundem a licença com a liberdade, e a criança que fazemos feliz com a criança que estragamos, ensinemo-los a distingui-los.

II

Conservai a criança tão-somente na dependência das coisas; tereis seguido a ordem da natureza nos progressos de sua educação. Não ofereçais jamais a suas vontades indiscretas senão obstáculos físicos ou castigos que nasçam das próprias ações e de que ela se lembre oportunamente. Sem proibi-la errar, basta que se a impeça de fazê-lo. Só a experiência e a impotência devem ser para ela leis. Não façais nenhuma concessão a seus desejos porque ela o pede e sim quando tiver necessidade disso. Que ela não saiba o que é obediência quando age, nem o que é domínio quando por ela agem. Que sinta igualmente sua liberdade nas ações dela e nas vossas. Supri a força que lhe falta, precisamente na medida em que dela se mostra necessitada para ser livre e não autoritária; que, recebendo vossos serviços com uma espécie de humilhação, ela aspire ao momento em que possa dispensá-los e em que terá de se servir sozinha.

III

Sabeis qual o meio mais seguro de tornar vosso filho desgraçado? Acostumá-lo a tudo conseguir; pois, crescendo incessantemente seus desejos com a facilidade de satisfazê-los, mais cedo ou mais tarde a impossibilidade de atendê-lo vos forçará à recusa; e essa recusa, não habitual, lhe dará mais aborrecimento do que a própria privação do que ele deseja. Primeiramente ele desejará vossa bengala; depois irá querer vosso relógio; a seguir o pássaro voando; mais tarde a estrela brilhando; e desejará tudo o que vir. A menos de ser Deus como o contentaríeis?

É uma disposição natural do homem encarar, como seu, tudo o que está a seu alcance. Nesse sentido o princípio de Hobbes é verdadeiro até certo ponto: multiplicai com nossos desejos os meios de satisfazê-los, seremos todos senhores de tudo. Portanto a criança, a quem baste querer para conseguir, se imaginará dona do universo; encarará todos os homens como escravos: e quando, enfim, formos forçados a recusar-lhe alguma coisa, ela, acreditando tudo ser possível quando manda, tomará a recusa por um ato de rebelião. Todas as razões que lhe apresentarmos, numa idade incapaz de raciocínio, serão pretextos a seu ver. Verá má vontade por toda parte: o sentimento de uma injustiça voluntária, azedando-lhe a natureza, terá ódio de todo mundo e, sem nunca se sentir grata com a complacência, se indignará com a oposição.

Como conceber que uma criança, assim dominada pela cólera e devorada por paixões das mais irascíveis, possa ser feliz? Feliz? É um déspota, a um tempo o mais vil dos escravos e a mais miserável das criaturas. Vi crianças educadas dessa maneira que queriam que se derrubasse a casa com um empurrão, que se lhes desse o galo do campanário, que se detivesse um regimento em marcha para ouvirem mais demoradamente os tambores e que berravam alucinadamente, sem ouvir ninguém, desde que não fossem de imediato obedecidas. Todo mundo diligenciava em vão para agradar-lhes, irritando-se seus desejos com a facilidade de conseguir, obstinavam-se nas coisas impossíveis e não encontravam ao redor delas senão contradições, obstáculos, sofrimentos e dores. Sempre resmungando, sempre teimando, sempre furiosas, passavam os dias gritando e se queixando. Eram crianças muito felizes? A fraqueza e o desejo de dominar reunidos só engendram loucura e miséria. De duas crianças assim mimadas, uma bate na mesa e a outra quer chicotear o mar; muito terão que bater e chicotear antes de viverem satisfeitas.

IV

Volto à prática. Já disse que vosso filho nada deve obter porque o pede e sim porque precisa, nada fazer por obediência e sim por necessidade. Desse modo, as palavras obedecer e mandar serão proscritas de seu dicionário e mais ainda as de dever e de obrigação; mas as de força, de necessidade, de impotência e constrangimento nele devem figurar. Antes da idade da razão não se pode ter nenhuma idéia dos seres morais nem das relações sociais; é preciso portanto evitar empregar, na medida do possível, palavras que os exprimam, de medo que a criança atribua, a tais palavras, falsas idéias que não saberemos ou não poderemos mais destruir. A primeira falsa idéia que entra em sua cabeça é germe do erro e do vício; a esse primeiro passo é que cabe, principalmente, prestar atenção. Fazei com que, enquanto se impressionar somente com coisas sensíveis, todas as suas idéias se detenham nas sensações. Fazei com que de todas as maneiras ela só perceba em derredor o mundo físico; sem o que, podeis ter certeza de que não vos ouvirá, ou terá do mundo moral, de que lhes faleis, noções fantasiosas que não tirareis de sua vida.

V

Nossos primeiros deveres são para conosco; nossos sentimentos primitivos concentram-se em nós mesmos; todos os nossos movimentos naturais dizem respeito inicialmente à nossa conservação e ao nosso bem-estar. Assim, nosso primeiro sentimento de justiça não nos vem da que devemos e sim da que nos é devida; e é ainda um dos contra-sensos das educações comuns que, falando de início às crianças de seus deveres, começam dizendo-lhes o contrário do que se impõe, o que não podem entender nem as pode interessar.

Se tivesse portanto que guiar uma das que acabo de supor, eu me diria: uma criança não ataca nunca as pessoas e sim as coisas; e logo aprende pela experiência a respeitar quem quer que a ultrapasse em idade e em força. Mas as coisas não se defendem sozinhas. A primeira idéia que cumpre dar-lhe é portanto menos a da liberdade que a da propriedade. E para que possa ter essa idéia é preciso que possua sempre alguma coisa. Citar-lhe seus trapos, seus móveis, seus brinquedos, é nada lhe dizer, porquanto, embora disponha dessas coisas, não sabe nem porque nem como as tem. Dizer-lhe que as tem porque lhe foram dadas não é muito melhor, porquanto para dar é preciso ter: eis portanto uma propriedade anterior à dela. E é o princípio da propriedade que se lhe quer explicar, sem contar que o dom é uma convenção e a criança não pode saber ainda o que seja uma convenção. [...]

Trata-se portanto de remontar à origem da propriedade; pois é daí que a primeira idéia deve nascer. A criança vivendo no campo terá tido alguma noção das atividades campesinas; não é necessário para isso senão que tenha olhos e lazeres, e ela os terá tido. É de todas as idades, principalmente da sua, querer criar, imitar, produzir, dar sinais de poder e de atividade. Mal terá visto duas vezes arar uma horta, semear, germinarem e crescerem legumes que já desejará jardinar ela própria.

Em virtude dos princípios aqui estabelecidos, não me oponho a seu desejo. Ao contrário, favoreço-o, compartilho seu gosto, trabalho com ela não pelo prazer dela e sim pelo meu; ela o acredita, pelo menos. Torno-me seu ajudante de jardineiro. Enquanto espero que tenha braços, aro por ela a terra; dela toma posse plantando uma fava e certamente essa posse é mais sagrada e mais respeitável que a que tomava Nunes Balboa da América meridional em nome do rei da Espanha, plantando seu estandarte nas costas do mar do sul.

Se diariamente regamos a fava, vemo-la despertar com transportes de alegria. Aumento essa alegria dizendo: isto te pertence e, explicando-lhe então o termo pertencer, faço-lhe sentir que pôs naquela terra seu tempo, seu trabalho, sua pena, sua pessoa enfim; que há nessa terra alguma coisa dela própria e que pode reivindicar contra quem quer que seja, como poderia retirar o braço da mão de outro homem que o quisesse segurar contra sua vontade.

Um belo dia ela chega solícita com o regador na mão: Ó espetáculo, ó dor! todas as favas estão arrancadas, todo o terreno remexido, nem o lugar se reconhece mais. Ah, que aconteceu com meu trabalho, minha obra, o doce fruto de meus cuidados e de meu suor? Quem me arrebatou meu bem? Quem pegou minhas favas? O jovem coração se revolta, o primeiro sentimento de injustiça nele verte seu triste amargor; correm as lágrimas; a criança desolada enche o ar de gemidos e de gritos. Participamos de sua dor, de sua indignação; procuramos, colhemos informações, fazemos perquisições. Finalmente descobrimos que foi o jardineiro: chamamo-lo.

Mas eis que nos colocamos noutro campo. O jardineiro sabendo de que nos queixamos começa a queixar-se mais alto ainda. Pois então, senhores, fostes vós que me estragastes assim minha obra? Eu tinha semeado aqui melões de Malta, cujas sementes tinham sido dadas como um tesouro e com os quais esperava regalar-vos em estando maduros; mas eis que para plantardes vossas miseráveis favas destruístes meus melões já germinados e que nunca substituirei. Causastes-me um prejuízo irreparável e vos privastes, vós mesmos, do prazer de comer melões deliciosos.

JEAN-JACQUES:

Desculpai-nos, meu bom Roberto. Pusestes nisso todo o vosso trabalho, toda a vossa pena. Bem vejo que erramos em destruir vossa obra; mas mandaremos vir outras sementes de Malta e não mexeremos mais na terra, antes de sabermos se alguém nela pôs a mão antes de nós.

ROBERTO:

Pois bem, meus senhores, podeis então descansar porque não há mais terra não cultivada. Eu trabalho a que meu pai melhorou; cada qual faz o mesmo de seu lado e todas as terras que vedes estão ocupadas de há muito.

EMÍLIO:

Seu Roberto, há então muita semente de melão perdida?

ROBERTO:

Desculpai-me jovem caçula; pois não vemos muitas vezes jovens tontos como vós. Ninguém toca no jardim do vizinho; cada qual respeita o trabalho do outro a fim de que o seu esteja em segurança.

EMÍLIO:

Mas eu não tenho jardim.

ROBERTO:

Que me importa? Se estragais o meu, não vos deixarei mais passear nele; porque, vede, não posso mais perder o meu suor.

JEAN-JACQUES:

Não poderíamos propor um arranjo ao bom Roberto? Que nos conceda um cantinho de seu jardim para meu amiguinho e eu o cultivarmos, com a condição de ter a metade do produto.

ROBERTO:

Concedo-o sem condições. Mas lembrai-vos de que irei arar vossas favas se tocardes nos meus melões.

Nessa tentativa de inculcar nas crianças as noções primitivas, vê-se como a idéia de propriedade remonta naturalmente ao direito do primeiro ocupante pelo trabalho. Isso é claro, nítido, simples e sempre ao alcance da criança. Daí até ao direito de propriedade e às trocas não vai mais de um passo, depois do qual cumpre parar.

VI

Aos doze ou treze anos as forças da criança desenvolvem-se muito mais rapidamente que suas necessidades. A mais violenta, a mais terrível não se faz ainda sentir; o próprio órgão permanece imperfeito e parece, para sair da imperfeição, esperar que sua vontade o leve a isso. [...] nenhuma necessidade imaginária a atormenta; a opinião nada pode contra ela; seus desejos não vão além de seus braços. Não somente ela pode bastar-se a si mesma, como tem ainda mais força de que precisa; é o único momento de sua vida em que isso acontece. [...]

Que fará ele desse excedente de faculdade e de forças, que tem demais no momento, e que lhe faltará numa outra idade? Ele procurará empregá-lo em cuidados que lhe possam ser úteis oportunamente; jogará, por assim dizer, no futuro o supérfluo de seu ser no momento; a criança robusta fará provisões para o homem fraco; mas não estabelecerá seus armazéns nem em cofres que lhe podem roubar, nem em granjas que lhe são estranhas; para desfrutar verdadeiramente sua aquisição, é nos braços, na cabeça, que ele a guardará. Eis portanto o tempo dos trabalhos, das instruções, dos estudos, e observai que não sou eu que faço arbitrariamente essa escolha, é a própria natureza que a indica.

VII

A vantagem mais sensível dessas lentas e laboriosas pesquisas está em manter, em meio aos estudos especulativos, o corpo na sua atividade, os membros na sua flexibilidade, e adaptar sem cessar as mãos ao trabalho e aos usos úteis ao homem. Tantos instrumentos inventados para guiar-nos em nossas experiências e suprir a precisão de nossos sentidos fazem com que negligenciemos exercitá-los. O grafômetro dispensa-nos de calcular o grau dos ângulos; o olho que media com exatidão as distâncias confia na fita que as mede por ele; a balança romana me isenta de julgar pela mão o peso que conheço por ela. Quanto mais nossos instrumentos são engenhosos, mais nossos órgãos se tornam grosseiros e inábeis: à força de juntar máquinas ao redor de nós, não mais as encontramos em nós mesmos.

[...] Se em vez de colar um menino nos livros ou o ocupar num *atelier*, suas mãos trabalharem em proveito de seu espírito, torna-se filósofo e acredita ser apenas um operário. [...]

Todo homem quer ser feliz; mas para chegar a sê-lo seria preciso começar por saber o que é a felicidade. A felicidade do homem natural é tão simples quanto sua vida; consiste em não sofrer: a saúde, a liberdade, o necessário a constituem. A felicidade do homem moral é outra coisa; mas não é deste que se trata aqui. Não repetirei nunca demais que só os objetos físicos podem interessar as crianças, principalmente aquelas cuja vaidade não se despertou e que não se corromperam de antemão com o veneno da opinião.

VIII

As relações entre as causas e os efeitos, cuja ligação não percebemos, os bens e os males de que não temos nenhuma idéia, as necessidades que nunca sentimos, são nulos para nós; é impossível interessarmo-nos, por eles, a fazer qualquer coisa que com eles se relacione. Vê-se a quinze anos a felicidade de um homem sábio, como a trinta a glória do paraíso. Se não concebemos bem nem um nem outro, pouco faremos para adquiri-las; e ainda que as concebêssemos, pouco faríamos se não as desejássemos, se não as sentíssemos convenientes a nós. É fácil convencer uma criança de que o que lhe queremos ensinar é útil; não basta entretanto convencê-la, é preciso persuadi-la. É em vão que a razão tranqüila nos leve a aprovar ou condenar; somente a paixão nos faz agir; e como apaixonar-se por interesses que ainda não se têm? [...]

Não haveria um meio de reunir tantas lições esparsas em tantos livros num objeto comum que pudesse ser visto facilmente, ser acompanhado com interesse e servir de estimulante mesmo nessa idade? Se se puder inventar uma situação em que todas as necessidades naturais do homem se mostrem de maneira sensível ao espírito de uma criança e em que os meios de atender a tais necessidades se desenvolvam sucessivamente com a mesma facilidade, pela pintura viva e ingênua desse estado é que seria preciso dar o primeiro exercício à sua imaginação.

Filósofo ardoroso, já estou vendo excitar-se a vossa. Não deis tratos à bola; essa situação existe, está descrita e, sem vos incriminar, muito melhor que a poderíeis descrever, com mais verdade e simplicidade, ao menos. Desde que precisamos absolutamente de livros, existe um que fornece, a meu ver, o mais feliz tratado de educação natural. Esse livro será o primeiro que meu Emílio lerá; ele sozinho constituirá durante muito tempo toda a sua biblioteca e sempre terá nela um lugar importante. Será o texto a que todas as nossas conversações acerca das ciências naturais servirão apenas de comentários. Servirá para comprovar os progressos de nossos juízos. E enquanto nosso gosto não se estragar ele nos agradará sempre. Mas qual será esse livro maravilhoso? Aristóteles? Plínio? Buffon? Não: Robinson Crusoé.

IX

Transformemos nossas sensações em idéias, mas não pulemos de repente dos objetos sensíveis aos objetos intelectuais. É pelos primeiros que devemos chegar aos outros. Que os sentidos sejam sempre os guias em nossas primeiras operações do espírito: nenhum outro livro senão o do mundo, nenhuma outra instrução senão os fatos. A criança que lê não pensa, só lê; não se instrui, aprende palavras.

Tornai vosso aluno atento aos fenômenos da natureza, muito breve o tornareis curioso. Mas, para alimentar sua curiosidade, não vos apresseis nunca em satisfazê-la. Ponde os problemas ao seu alcance e deixai-o que resolva. Que nada saiba porque vós lho dissestes, e sim porque o compreendeu sozinho. Que ele não se avizinhe à ciência, que a invente. Se jamais substituirdes em seu espírito a autoridade à razão, ele não raciocinará mais; não será mais do que o joguete da opinião dos outros.

[APRENDER UM OFÍCIO]

Emílio ou da educação. Trad. Sérgio Milliet.
Rio de Janeiro, Bertrand Brasil, 1995. livro III, p. 213-217.

I

Confiais na ordem presente da sociedade, sem pensar que esta ordem está sujeita a revoluções inevitáveis e que vos é impossível prever ou evitar o que possa dizer respeito a vossos filhos. O grande torna-se pequeno, o rico fica pobre, o monarca passa a ser súdito: os caprichos da sorte serão assim tão raros que possais esperar ver-vos ao abrigo dele? Aproximamo-nos do estado de crise e do século das revoluções. Quem pode prever o que vos tornareis então? Tudo o que os homens fizeram os homens podem destruir: indeléveis são somente os caracteres que a natureza imprime e a natureza não faz nem príncipes, nem ricos, nem grandes senhores. Que fará então na desgraça esse sátrapa que educastes para a grandeza? Que fará na pobreza esse publicano que só sabe viver de ouro? Que fará, despojado de tudo, esse faustoso imbecil que não sabe usar de si mesmo e não põe o seu ser senão no que lhe é estranho? Feliz quem sabe largar então a situação que o abandona e permanecer homem a despeito da má sorte! Que louvem quanto quiserem o rei vencido que quer se enterrar como louco sob os destroços do seu trono; eu o desprezo; vejo que só existe em virtude de sua coroa e que não é nada, em não sendo rei: porém quem a perde e a dispensa está acima dela. Da condição de rei, que um covarde, um mau, um louco pode preencher como qualquer um, ele se eleva à condição de homem, que tão poucos homens sabem preencher. Então ele triunfa sobre a sorte, ele a enfrenta; nada deve senão a si mesmo; e quando só lhe resta mostrar o que é, ele não é nulo, é alguma coisa. Sim, prefiro cem vezes o rei de Siracusa professor primário em Corinto, e o rei da Macedônia escrivão em Roma, a um infeliz Tarquínio, não sabendo o que ser em não reinando, senão herdeiro do senhor de três reinos, joguete de quem quer que ouse insultar sua miséria, deambulando de corte em corte, procurando por toda parte auxílio e por toda parte encontrando afrontas, por não saber fazer outra coisa senão um ofício que não está mais a seu alcance.

 O homem e cidadão, qualquer que seja, não tem outro bem a dar à sociedade senão ele próprio; todos os seus outros bens nela se encontram a despeito de sua vontade; e quando um homem é rico, ou não goza de sua riqueza ou o povo dela também goza. No primeiro caso rouba dos outros aquilo de que se priva; no segundo, nada lhes dá. Assim sua dívida para com a sociedade permanece inteira, enquanto só a paga com seus bens. Mas meu pai, ganhando-os, serviu à sociedade... Seja, pagou sua dívida mas não a vossa. Deveis mais aos outros do que se tivésseis nascido sem bens, porque nascestes privilegiado. Não é justo que o que um homem fez para a sociedade isente outro do que lhe deve; porque cada qual se devendo inteiramente só pode pagar por si e nenhum pai pode transmitir a seu filho o direito de ser inútil a seus semelhantes; ora, é no entanto o que faz, a vosso ver, transmitindo-lhe suas riquezas que são a prova e o preço de seu trabalho. Quem come no ócio o que não ganhou por si mesmo rouba-o; e um homem que vive de rendas pagas pelo Estado para não fazer nada não difere muito a meus olhos de um bandido que vive a expensas dos viajantes. Fora da sociedade, o homem isolado, nada devendo a ninguém, tem o direito de viver como lhe agrade; mas na sociedade, onde vive necessariamente a expensas de outros, deve-lhes em trabalho o custo de sua manutenção; isto sem exceção. Trabalhar é portanto um dever indispensável ao homem social. Rico ou pobre, poderoso ou fraco, todo cidadão ocioso é um patife.

 Ora, de todas as ocupações que podem outorgar a subsistência ao homem, a que mais se aproxima do estado natural é o trabalho das mãos; de todas as condições, a mais independente da sorte dos homens é a do artesão. O artesão só depende de seu trabalho; ele é livre, tão livre quanto o lavrador é escravo; porque este se acha preso a seu campo, cuja colheita está à mercê de outrem. O inimigo, o príncipe, um vizinho poderoso, um processo, podem arrancar-lhe a terra; por esse campo podem humilhá-lo de mil maneiras; mas onde quer que se deseje humilhar o artesão, sua bagagem não toma tempo; pega seu braço e vai-se embora. Entretanto, a agricultura é o primeiro ofício do homem: o mais honesto, o mais útil, e por conseguinte o mais nobre que se possa exercer. Não digo a Emílio: aprende a agricultura; ele a conhece. Todos os trabalhos do campo lhe são familiares; foi por eles que começou, a eles é que volta sem cessar. Digo-lhe, pois: cultiva a herança de teus pais. Mas se perderes essa herança, ou nenhuma tiveres, que fazer? Aprende um ofício.

Um ofício para meu filho! meu filho artesão! Pensais realmente nisso? Penso mais do que vós, senhora, que quereis reduzi-lo a não ser senão um lorde, um marquês, um príncipe e talvez um dia menos que nada: eu quero dar-lhe uma condição que não possa perder, que o honre em qualquer tempo; quero elevá-lo à condição de homem; e o que quer possais dizer, ele terá menor número de iguais com esse título do que com todos que receber de vós.

A letra mata e o espírito vivifica. Trata-se menos de aprender um ofício, para saber um ofício, do que para vencer os preconceitos que o desprezam. Nunca sereis forçado a trabalhar para viver. Tanto pior. Mas pouco importa; não trabalheis por necessidade, trabalhai pelo prazer. Abaixai-vos à condição de artesão para que fiqueis acima da vossa. Para dominar a sorte e as coisas, começai tornando-vos independente. Para reinar pela opinião começai reinando sobre ela.

Lembrai-vos que não é um talento que vos peço; é um ofício, um ofício de verdade, uma arte puramente mecânica em que as mãos trabalhem mais que a cabeça, e que não leva à fortuna, mas graças à qual podereis dispensar essa fortuna. Em certas casas muito acima do perigo de carecer de pão, eu vi pais levarem a previdência a ponto de juntar, ao cuidado de instruir os filhos, de prové-los de conhecimentos de que, em qualquer circunstância, pudessem tirar proveito para viver. Esses pais previdentes acreditam fazer muito; não fazem nada, porque os recursos que pensam dar a seus filhos dependem dessa mesma fortuna acima da qual os querem pôr. De modo que, com todos esses belos talentos, quem não se encontrar em situações favoráveis para empregá-los, morrerá na miséria como se não tivesse nenhum.

II

Faço questão fechada de que Emílio aprenda um ofício. Um ofício honesto, pelo menos, direis. Que significa esta palavra? Não é honesto todo ofício útil ao público? Não quero que seja bordador, nem dourador, nem envernizador como o fidalgo de Locke; não quero que seja músico nem comediante, nem fazedor de livros. À exceção dessas profissões e outras que a elas se assemelham, que siga a que quiser; não pretendo perturbá-lo em coisa nenhuma. Prefiro que seja sapateiro a que seja poeta; prefiro que seja calceteiro a que faça flores de porcelana. Mas direis, os arqueiros, os espiões, os carrascos são gente útil. Só cabe ao governo fazer com que não sejam. Deixemos isso de lado porém. Eu estava errado: não basta escolher um ofício útil, é preciso ainda que não exija dos que o exercem qualidades de alma odiosas e incompatíveis com a humanidade. Voltemos portanto à primeira observação, siga-se um ofício honesto: mas lembrai-vos sempre de que não há honestidade sem utilidade.

[DA INFÂNCIA PARA A PUBERDADE]

Emílio ou da educação. Trad. Sérgio Milliet. Rio de Janeiro, Bertrand Brasil, 1995. livro IV, p. 233-338.

I

Nascemos, por assim dizer, em duas vezes: uma para existirmos, outra para vivermos; uma para a espécie, outra para o sexo. Os que encaram a mulher como um homem imperfeito estão sem dúvida errados; mas a analogia exterior está com eles. Até a idade núbil, as crianças dos dois sexos nada têm de aparente que as distinga; mesmo rosto, mesmo porte, mesma tez, mesma voz, tudo é igual; as meninas são crianças, os meninos são crianças; a mesma palavra basta para seres tão diferentes. Os machos, em que se impede o desenvolvimento ulterior do sexo, conservam essa conformidade durante toda a sua vida; são sempre crianças grandes, e as fêmeas, não perdendo essa mesma conformidade, parecem, por muitos aspectos, nunca ser outra coisa.

Mas o homem em geral não é feito para permanecer sempre na infância. Dela sai no tempo prescrito pela natureza; e esse momento de crise, embora bastante curto, tem influências demoradas.

Assim como o mugido do mar precede de longe a tempestade, essa tormentosa revolução se anuncia pelo murmúrio das paixões nascentes; uma fermentação surda adverte da aproximação do perigo. Uma mudança de humor, exaltações freqüentes, uma contínua agitação do espírito tornam o menino quase indisciplinável. Faz-se surdo à voz que o tornava dócil; é um leão na sua febre; desconhece seu guia, não quer mais ser governado.

Aos morais sinais de um humor que se altera, juntam-se modificações sensíveis no aspecto. Sua fisionomia desenvolve-se e assume um caráter; a pelugem escassa que cresce nas suas faces escurece e toma consistência. Sua voz muda, ou antes ele a perde: não é nem criança nem homem e não pode pegar o tom de nenhum dos dois. [...] Tudo isso pode ocorrer lentamente e podereis ter tempo ainda de atender. Mas, se sua vivacidade se faz demasiado impaciente, se sua exaltação se transforma em furor, se ele se irrita e se enternece de um momento para o outro, se verte lágrimas sem motivo, se, perto dos objetos que começam a tornar-se perigosos para ele, seu pulso se acelera e seu olhar se inflama, se a mão de uma mulher pousada na sua o faz fremir, se se perturba ou se intimida perto dela, Ulisses, ó sábio Ulisses, toma cuidado; os odres que com tanto cuidado fechavas estão abertos; os ventos já se desencadearam; não largues um só momento o leme ou tudo estará perdido.

Eis o segundo nascimento de que falei; agora é que o homem nasce verdadeiramente para a vida e que nada de humano lhe é estranho. Até aqui nossos cuidados não passaram de jogos infantis; só agora adquirem uma importância real. [...]

Nossas paixões são os principais instrumentos de nossa conservação. [...]

Mas raciocinaríamos bem se, pelo fato de ser da natureza do homem ter paixões, concluíssemos que todas as paixões que sentimos em nós e vemos nos outros são naturais? [...] Nossas paixões naturais são muito restritas; são os instrumentos de nossa liberdade, tendem a conservar-nos. Todas as que nos subjugam e nos destroem vêm de fora; a natureza não no-las dá, nós nos apropriamos delas em detrimento dessa natureza.

A fonte de nossas paixões, a origem e o princípio de todas as outras, a única que nasce com o homem e não o deixa nunca durante a sua vida, é o amor a si mesmo; paixão primitiva, inata, anterior a qualquer outra e da qual todas as outras não são, em certo sentido, senão modificações. Assim, se quisermos, todas são naturais. Mas essas modificações em sua maioria têm causas estranhas sem as quais não ocorreriam nunca; e essas modificações, longe de nos serem vantajosas, nos são nocivas; mudam o primeiro objeto e vão contra seu princípio. É então que o homem se encontra fora da natureza e se põe em contradição consigo mesmo.

II

[...] A passagem da infância à puberdade não é assim tão determinada pela natureza a ponto de não variar nos indivíduos segundo os temperamentos e nos povos segundo os climas. Todo mundo conhece as distinções observadas a propósito entre os países quentes e os países frios e todos sabem que os temperamentos ardentes se formam mais cedo do que os outros; mas é possível nos enganarmos a respeito das causas e muitas vezes atribuirmos ao físico o que cabe imputar ao moral; é um dos erros mais freqüentes da filosofia do nosso século. As instruções da natureza são tardias e lentas; as dos homens são quase sempre prematuras. No primeiro caso, os sentidos despertam a imaginação; no segundo, a imaginação desperta os sentidos; ela lhes dá uma atividade precoce que não pode deixar de enervar, de enfraquecer primeiramente os indivíduos e depois a própria espécie, com o andar do tempo. Uma observação mais geral e mais segura que a do efeito dos climas é a de que a puberdade e a força do sexo são sempre mais precoces entre os povos instruídos e policiados do que entre os ignorantes e bárbaros. As crianças têm sempre uma sagacidade singular para discernir, entre as macaquices da decência, os maus costumes que ela esconde. A linguagem expurgada que lhes ensinam, as lições de bom comportamento que lhes dão, o véu de mistério que fingem estender diante de seus olhos são verdadeiros excitantes de sua curiosidade. Pela maneira por que agem, torna-se claro que o que fingem esconder-lhes visa a ser-lhes ensinado; e de todas as instruções que lhes dão é a que elas aproveitam mais.

Consultai a experiência, compreendereis a que ponto esse método insensato acelera o trabalho da natureza e arruína o temperamento. É uma das causas principais que fazem com que as raças degenerem nas cidades. Os jovens, cedo esgotados, permanecem pequenos, frágeis, malfeitos, envelhecem em vez de crescer, como a videira que se obriga a dar frutos na primavera, enlanguesce e morre antes do outono.

É preciso ter vivido entre os povos grosseiros e simples para verificar até que idade uma feliz ignorância pode prolongar a inocência das crianças. É um espetáculo, a um tempo comovente e divertido, ver os dois sexos, entregues à segurança de seus corações, prolongarem na flor da idade e da beleza seus jogos ingênuos da infância e mostrarem por sua própria familiaridade a pureza de seus prazeres. Quando finalmente essa amável juventude se casa, os esposos, dando-se mutuamente as primícias de suas pessoas, tornam-se tanto mais caros um a outro; numerosos filhos sadios e robustos são o penhor de uma união que nada altera e o fruto da sabedoria de seus primeiros anos.

III

Só vejo um bom meio de conservar a inocência das crianças; é respeitarem-na todos os que as cercam, e amá-la. Sem isso, toda a discrição que lhes mostrarem será desmentida mais dia, menos dia. Um sorriso, uma piscadela, um gesto involuntário, dizem-lhes tudo o que lhes procuram não dizer; basta-lhes para aprendê-lo, verem que lhes quiseram esconder. A delicadeza das palavras e expressões que empregam entre si as pessoas bem-educadas, supondo conhecimentos que as crianças não devem ter, é inteiramente deslocada em relação a estas; mas quando se respeita realmente sua simplicidade, ter-se-á, em lhes falando a dos termos que lhes convêm. Há uma certa ingenuidade de linguagem que agrada à inocência: eis o verdadeiro tom que desvia uma criança de uma curiosidade perigosa. Falando-lhe simplesmente de tudo, não se a leva a suspeitar de que haja mais alguma coisa a dizer-lhe. Juntando às palavras grosseiras as idéias desagradáveis que lhes são necessárias, apaga-se o primeiro impulso da imaginação: não se lhe proíbe pronunciar essas palavras e ter essas idéias, mas dá-se-lhe, sem que o perceba, a repugnância de lembrá-las. E quantos aborrecimentos não evita essa liberdade ingênua àqueles que, tirando-a de seu próprio coração, dizem sempre o que é preciso dizer e o dizem sempre como o sentiram!

Como se fazem as crianças? Pergunta embaraçante que ocorre assaz naturalmente às crianças e cuja resposta indiscreta ou prudente decide por vezes de seus costumes e de sua saúde para o resto da vida. A maneira mais curta que uma mãe imagina para se desobrigar, sem enganar o filho, é impor-lhe silêncio. Isso seria bom, se o tivessem acostumado a tal em relação a perguntas indiferentes e que ele não entrevisse um mistério no novo tom. Mas raramente ela fica nisso. *É o segredo das pessoas casadas*, lhe dirá; *as crianças não devem ser tão curiosas.* Eis o que resolve muito bem o problema da mãe: mas que saiba que, despeitado com o ar de desprezo, o menino não terá mais um minuto de descanso enquanto não tiver descoberto o segredo das pessoas casadas, e não tardará em descobri-lo.

Que me permitam transcrever aqui uma resposta bem diferente que ouvi dar à mesma pergunta e que me impressionou tanto mais quanto partia de uma mulher tão modesta nas suas palavras como nas suas maneiras, mas que sabia, se necessário, em prol de seu filho e da virtude, desprezar o falso temor da censura e os comentários vãos dos engraçadinhos. O menino, tempos antes, expulsara na urina um pequeno cálculo que lhe rasgara a uretra; mas a dor fora esquecida. *Mamãe*, disse o pequeno tonto, *como se fazem as crianças?* — *Meu filho*, respondeu a mãe sem hesitar, *as mulheres mijam-nas com dores que por vezes lhes custam a vida*. Que riam os loucos e os tolos se escandalizem; mas que os sábios verifiquem se jamais encontrarão resposta mais judiciosa e conveniente a seus fins.

[...] E, no entanto, bem vedes que a verdade não foi alterada e que não se precisou enganar o menino em vez de instruí-lo.

IV

Para excitar e alimentar essa sensibilidade nascente, para a guiar ou a seguir na sua tendência natural, que podemos fazer senão oferecer ao rapaz objetos sobre os quais possa atuar a força expansiva de seu coração, que o dilatem, que o estendam aos outros seres, que o façam sempre encontrá-los fora de si. Em suma, afastar com cuidado os que o limitam, o concentram, e estiram a mola do eu humano. Em outros termos, isso significa excitar nele a bondade, a humanidade, a comiseração, a benevolência, todas as paixões atraentes e doces que agradam naturalmente aos homens, e impedir que nasçam a inveja, a cobiça, o ódio, todas as paixões repugnantes e cruéis que tornam, por assim dizer, a sensibilidade não somente nula como até negativa e fazem o tormento de quem as experimenta.

Creio poder resumir todas as reflexões precedentes em duas ou três máximas precisas, claras e fáceis de se entenderem.

PRIMEIRA MÁXIMA:

Não é do coração humano pôr-se no lugar das pessoas que são mais felizes do que nós, mas tão-somente das que são mais dignas de pena. [...]

SEGUNDA MÁXIMA:

Só temos piedade nos outros dos males de que não nos cremos isentos nós mesmos. [...]

TERCEIRA MÁXIMA:
A piedade que se tem do mal de outrem não se mede pela quantidade desse mal e sim pelo sentimento que se empresta a quem o sofre.

V

Depois de ter assim deduzido, da impressão dos objetos sensíveis e do sentimento interior que me induz a julgar as causas segundo minhas luzes naturais, as principais verdades que me importava conhecer, resta-me procurar que máximas devo tirar disso para minha conduta e que regras devo prescrever-me para realizar meu destino na Terra, segundo a intenção de quem nela me colocou. Sempre seguindo meu método, não tiro essas regras dos princípios de uma alta filosofia, mas as encontro no fundo de meu coração, escritas pela natureza em caracteres indeléveis. Basta consultar-me acerca do que quero fazer: tudo o que sinto ser bem é bem, tudo o que sinto ser mal é mal; o melhor de todos os casuístas é a consciência. E é somente quando negociamos com ela que recorremos às sutilezas do raciocínio. O primeiro de todos os cuidados é o de si mesmo; no entanto quantas vezes a voz interior nos diz que fazendo nosso bem a expensas de outrem fazemos o mal! Acreditamos seguir o exemplo da natureza e lhe resistimos; ouvindo o que diz a nossos sentidos, desprezamos o que diz a nossos corações; o ser ativo obedece, o passivo comanda. A consciência é a voz da alma, as paixões são a voz do corpo. Será de espantar que amiúde essas vozes se contradigam? E que linguagem cumpre então ouvir? Vezes demais a razão nos engana, temos mais do que o direito de recusá-la; mas a consciência não engana nunca; ela é o verdadeiro guia do homem: está para a alma como o instinto para o corpo; quem a segue obedece à natureza e não receia perder-se. [...]

Toda a moralidade de nossas ações está no julgamento que temos de nós mesmos. Se é verdade que o bem seja bem, é preciso que se ache no fundo de nossas obras, e a primeira recompensa da justiça é sentir que a praticamos. Se a bondade moral está em conformidade com a nossa natureza, o homem não pode ser são de espírito nem bem constituído senão na medida em que é bom. Se não o é, e o homem é naturalmente mau, não o pode deixar de ser sem se corromper, e a bondade não passa nele de um vício contra a natureza. Feito para prejudicar seus semelhantes, como o lobo para enganar sua presa, um homem humano seria um animal tão depravado quanto um lobo piedoso; e somente a virtude nos deixaria remorsos.

Reflitamos, meu jovem amigo. Examinemos, pondo de lado qualquer interesse pessoal, a que nos levam nossas inclinações. Que espetáculo nos agrada mais, o dos tormentos ou da felicidade alheia? Que nos é mais agradável fazer e nos deixa uma impressão mais confortadora por o ter feito, um benefício ou um ato de maldade? Por quem vos interessais em vossos teatros? São os crimes que vos dão prazer? São os autores punidos que vos arrancam lágrimas? Tudo nos é indiferente, dizem, à exceção de nosso interesse; mas, ao contrário, as doçuras da amizade, da humanidade, consolam-nos em nossas penas: e mesmo em nossos prazeres, nós nos sentiríamos demasiado miseráveis se não tivéssemos com quem os partilhar. Se não há nada de moral no coração do homem, de onde lhe vêm esses transportes de admiração pelas ações heróicas, esses arroubos de amor pelas grandes almas? Esse entusiasmo da virtude, que relação tem com nosso interesse particular? Por que desejaria ser Catão rasgando as entranhas, de preferência a César triunfante? Tirai de nossos corações esse amor ao belo e tirareis todo o encanto da vida. Aquele cujas vis paixões abafaram em sua alma estreita esses sentimentos deliciosos; aquele que, à força de se concentrar em si, chega a não amar senão a si mesmo, não tem mais transportes, seu coração gelado não palpita mais de alegria; uma doce ternura não umedece mais os seus olhos, não aprecia mais nada; o infeliz não sente mais, não vive mais; já está morto.

Mas, por grande que seja o número de maus na terra, há poucas almas tornadas insensíveis, fora de seu interesse, a tudo o que é justo e bom. A iniqüidade só satisfaz na medida em que nos aproveitamos dela; no restante ela quer que o inocente seja protegido. [...] Nós não odiamos os maus apenas porque nos prejudicam, odiamo-los porque são maus. Não somente queremos ser felizes, como queremos a felicidade alheia, e quando essa felicidade não custa nada à nossa, ela a aumenta. [...]

Deitai os olhos em todas as nações do mundo, percorrei todas as histórias. Em meio a tantos cultos inumanos, e estranhos, em meio a essa prodigiosa diversidade de costumes e de caracteres, encontrareis por toda parte as mesmas idéias de justiça e de honestidade, as mesmas noções do bem e do mal. [...]

Há portanto no fundo das almas um princípio inato de justiça e de virtude de acordo com o qual, apesar de nossas próprias máximas, julgamos boas ou más nossas ações e as alheias e é a esse princípio que chamo consciência.

VI

Consciência! Consciência! Instinto divino, voz celeste e imortal; guia seguro de um ser ignorante e limitado, mas inteligente e livre; juiz infalível do bem e do mal, que tornas o homem semelhante a Deus, és tu que fazes a excelência de sua natureza e a moralidade de suas ações; sem ti nada sinto em mim que me eleve acima dos bichos, a não ser o triste privilégio de me perder de erro em erro com a ajuda de um entendimento sem regra e de uma razão sem princípios.

[A RELIGIÃO NATURAL]

Emílio ou da educação. Trad. Sérgio Milliet.
Rio de Janeiro, Bertrand Brasil, 1995. livro IV, p. 344-346

Vedes na minha exposição unicamente a religião natural; é estranho que se faça necessário outra. De que maneira conhecerei essa necessidade? De que posso ser culpado servindo a Deus segundo as luzes que dá a meu espírito e segundo os sentimentos que inspira a meu coração? Que pureza de moral, que dogma útil ao homem e honroso para seu autor, posso tirar de uma doutrina positiva que não possa tirar, sem ela, do bom emprego de minhas faculdades? Mostrai-me o que se pode acrescentar para a glória de Deus, para o bem da sociedade e minha própria vantagem, aos deveres da lei natural, e que virtude fareis nascer de um novo culto, que não seja conseqüência do meu. As maiores idéias da divindade vêm-nos pela razão somente. Vede o espetáculo da natureza, ouvi a voz interior. Não disse Deus tudo a nossos olhos, a nossa consciência, a nosso julgamento? Que nos dirão a mais os homens? Suas revelações não fazem senão degradar Deus, dando-lhe as paixões humanas. Longe de esclarecer as noções do grande Ser, vejo que os dogmas particulares as embrulham; que longe de as enobrecer, eles as aviltam; que aos mistérios inconcebíveis que o cercam acrescentam contradições absurdas; que tornam o homem orgulhoso, intolerante, cruel; que longe de estabelecer a paz na Terra, nela introduzem o ferro e o fogo. Pergunto-me para que tudo isso, sem saber responder. Só vejo nisso os crimes dos homens e as misérias do gênero humano.

Dizem-me que era preciso uma revelação para ensinar aos homens a maneira pela qual Deus queria ser servido; apontam como prova a diversidade dos cultos estranhos que instituíram e não vêem que essa diversidade provém da fantasia das revelações. A partir do momento em que os povos pensaram em fazer Deus falar, cada qual o fez falar a seu modo e dizer o que queria que dissesse. Se só se tivesse escutado o que Deus diz ao coração do homem, nunca tivera havido mais do que uma religião na Terra.

Era preciso um culto uniforme; concordo. Mas era este ponto tão importante que exigisse todo o aparelhamento da potência divina para estabelecê-lo? Não confundamos cerimonial da religião com a religião. O culto que Deus pede é o do coração e este, quando sincero, é sempre uniforme. É de uma vaidade maluca imaginar que Deus se interesse tanto pela forma da vestimenta do padre, pela ordem das palavras que ele pronuncia, pelos gestos que faz no altar, por todas as suas genuflexões. Sim, meu amigo, por mais que queiras alçar-te, sempre permanecerás bastante perto da Terra. Deus quer ser adorado em espírito e em verdade: este dever é de todas as religiões, de todos os países, de todos os homens. Quanto ao culto exterior, se deve ser uniforme para a boa ordem das coisas, é questão puramente de polícia; não é preciso revelação para isso.

Não comecei por todas estas reflexões. Levado pelos preconceitos da educação e por esse perigoso amor-próprio que quer sempre erguer o homem acima de sua esfera, não podendo elevar minhas frágeis concepções até ao grande Ser, esforcei-me por rebaixá-lo a mim. Encurtava as relações infinitamente longínquas que ele pôs entre sua natureza e a minha. Queria comunicações mais imediatas, instruções mais particulares; e não contente com fazer Deus semelhante ao homem, para ser privilegiado eu mesmo entre meus semelhantes, eu queria luzes sobrenaturais: queria um culto exclusivo; queria que Deus me houvesse dito o que não dissera a outros, ou o que outros não teriam entendido como eu.

Encarando o ponto a que eu chegara com o ponto comum de que partiam todos os crentes para chegar a um culto mais esclarecido, não encontrava nos dogmas da religião natural senão os elementos de qualquer religião. Eu considerava essa diversidade de seitas que reinam sobre a terra e que se acusam mutuamente de mentiras e de erro; eu me perguntava: *qual a boa?* Cada qual me respondia: a minha. Cada qual dizia: só eu e meus partidários pensamos certo; todos os outros erram. *E como sabeis que vossa seita é a boa?* Porque Deus o disse. *E quem vos disse que Deus o disse?* Meu pastor que o sabe muito bem. Meu pastor disse-me para acreditar assim e assim acredito: ele assegura-me que todos os que dizem de outra maneira mentem e eu não os escuto.

Como, o que eu pensava, não é a verdade uma só? E o que é verdade para mim pode ser falso para vós? Se o método de quem segue o bom caminho e o de quem se perde é o mesmo, que mérito tem ou que erro comete um mais do que outro? Sua escolha é efeito do acaso; imputar-lha é iniqüidade, é recompensar ou punir por ter nascido em tal ou qual país. Ousar dizer que Deus nos julga assim é ultrajar sua justiça.

[OS VERDADEIROS DIVERTIMENTOS]

Emílio ou da educação. Trad. Sérgio Milliet. Rio de Janeiro, Bertrand Brasil, 1995. livro IV, p. 417-422.

As mostras de boa educação, as modas, os usos que derivam do luxo encerram o curso da vida na mais insossa uniformidade: o prazer que se quer exibir aos outros é perdido para todo o mundo: não se o tem nem para eles nem para si mesmo. O ridículo que a opinião teme em tudo está sempre ao lado dela, para tiranizá-la e puni-la. Não se é nunca ridículo senão de formas determinadas: quem sabe variar suas situações e seus prazeres apaga hoje a impressão de ontem, é como que nulo no espírito dos homens; mas goza porque está por inteiro em cada hora e em cada coisa. Minha única forma constante seria essa; em cada situação não me preocuparia com nenhuma outra e encararia cada dia em si, como independente da véspera e do dia seguinte. Como seria povo no meio do povo, seria camponês nos campos; e quando falasse de agricultura o camponês não caçoaria de mim. Não iria construir uma cidade no campo, e pôr no fundo de uma província as Tulherias em frente de meu apartamento. Na encosta de alguma colina bem umbrosa, teria uma pequena casa rústica, uma casa branca com portas e janelas verdes; e, embora uma cobertura de palha seja em qualquer estação a melhor, preferiria magnificamente, não a triste ardósia e sim a telha, porque tem aspecto mais limpo e mais alegre do que a palha, porque assim são cobertas as casas de minha terra e porque isso me lembraria a época feliz de minha juventude. Como pátio teria um terreiro com galinheiro, como estrebaria um estábulo com vacas para ter leite e laticínios de que muito gosto. Como jardim teria uma horta e como parte um belo pomar semelhante ao de que falarei adiante. As frutas ao alcance dos passantes não seriam nem contadas nem colhidas por meu jardineiro; e minha avarenta magnificência não exibiria soberbos dispositivos de árvores em que ninguém ousasse tocar. Ora, essa pequena prodigalidade seria pouco cara, porque eu teria escolhido meu asilo numa província remota onde se vê pouco dinheiro e há muitos gêneros, e onde reinam a abundância e a pobreza.

Lá eu reuniria uma companhia mais selecionada que numerosa de amigos amando o prazer e o conhecendo, de mulheres que pudessem sair de suas poltronas e apreciar os jogos campestres, pegar, algumas vezes, em vez da costura ou das cartas, o anzol, a arapuca, o ancinho das ceifadeiras, o cesto dos vindimadores. Lá todos os ares da cidade seriam esquecidos e, aldeões na aldeia, nos encontraríamos entregues a divertimentos diversos que não nos dariam à noite senão o embaraço da escolha para o dia seguinte. O exercício e a vida ativa nos dariam novo estômago e novos gostos. [...]

Se alguma festa campestre reunisse os habitantes do lugar, eu seria um dos primeiros com minha companhia. [...]

[...] Os verdadeiros divertimentos são aqueles que repartimos com o povo. Os que queremos ter para nós somente, não os temos mais. Se os muros erguidos ao redor do meu parque se fazem uma clausura para mim, não consegui senão perder com eles o prazer do passeio: eis-me forçado a ir buscá-lo longe. O demônio da propriedade infeta tudo o que toca. Um rico quer ser em toda parte o senhor e só se sente bem onde não o é; é sempre forçado a fugir de si mesmo. Eu farei na minha riqueza o que fiz na minha pobreza. Mais rico agora com o bem dos outros do que serei com o meu, apósso-me de tudo o que me convém na minha vizinhança: não há conquistador mais decidido do que eu; ganho dos próprios príncipes; instalo-me sem distinção em todos os terrenos baldios que me agradam; dou-lhes nomes; faço de um meu parque, de outro meu terraço e eis-me senhor de tudo; a partir de então por eles passeio impunemente e volto amiúde a fim de garantir a posse; uso quanto quero o solo à força de andar; e não me persuadirão nunca de que o titular daquilo que me aproprio tire mais benefício do dinheiro do que a propriedade lhe dá, do que eu tiro de seu terreno. E se vierem me aborrecer com fossos e cercas, pouco importará; carrego meu parque às costas e vou pousá-lo alhures; lugares não faltam nas cercanias, e terei tempo para pilhar meus vizinhos antes de carecer de asilo.

[...] Tem-se prazer quando se quer ter; é somente a opinião que torna tudo difícil, que expulsa a felicidade de nossa frente; é bem mais fácil ser feliz do que parecê-lo. O homem de gosto e realmente voluptuoso não precisa da riqueza; basta-lhe ser livre e senhor de si. Quem quer que goze de saúde e não careça do necessário é bastante rico, desde que arranque de seu coração os bens da opinião é a *aurea mediocritas* de Horácio. Homens de cofres fortes, procurai pois outro emprego para vossa opulência, porquanto para o prazer ela não serve. Emílio não saberá tudo isso mais do que eu, mas tendo o coração mais puro e mais são, há de senti-lo mais ainda, e todas as suas observações na sociedade não farão senão confirmá-lo.

Contrato social
● ● ● ● ● ● ● ● ● ● ● ● ● ● ● ● ● ● ● ●

[DO ESTADO DE NATUREZA ÀS CONVENÇÕES]

Do contrato social. Trad. Maria Constança Peres Pissarra. Petrópolis, Vozes, 1995. livro I, p. 70-77.

I

O homem nasce livre e por toda parte se encontra sob grilhões. Aquele que mais acredita ser o senhor dos outros não deixa de ser mais escravo do que eles. Como ocorreu essa mudança? Ignoro-o. O que pode torná-la legítima? Creio poder resolver essa questão.

II

A mais antiga de todas as sociedades e a única natural é a família. Os filhos só permanecem ligados ao pai enquanto têm necessidade dele para sua manutenção. Quando essa necessidade cessa, a ligação natural se dissolve. Os filhos, isentos da obediência que devem ao pai e este isento das obrigações que tem para com os filhos, voltam igualmente à independência anterior. Se continuam unidos, não é mais naturalmente e sim voluntariamente, mantendo-se a família apenas por convenção.

Essa liberdade comum é uma conseqüência da natureza do homem. Sua primeira lei consiste em cuidar da sua própria conservação, suas primeiras preocupações dirigem-se a si mesmo, e quando atinge a idade da razão torna-se seu próprio senhor, uma vez que é o único juiz dos meios adequados para se conservar.

III

O mais forte não é suficientemente forte para ser sempre o senhor, se não transforma sua força em direito e a obediência em dever. Constitui-se assim o direito do mais forte: direito tomado ironicamente em aparência e de fato estabelecido como princípio. Mas nunca nos será explicada essa palavra? A força é um poder físico; não vejo que moralidade possa resultar de seus efeitos. Ceder à força é um ato de necessidade, não de vontade; no máximo, é um ato de prudência. Em que sentido poderá representar um dever?

Suponhamos por um momento esse pretenso direito. Afirmo que seu único resultado seria uma inexplicável grande confusão, pois quando a força faz o direito, o efeito muda com a causa; toda força que se sobrepõe à primeira, sucede-a em seu direito.

IV

Uma vez que nenhum homem tem autoridade natural sobre seu semelhante e que a força não gera nenhum direito, restam então as convenções, como base de toda autoridade legítima entre os homens. [...]

Assim, qualquer que seja a forma de se encarar as coisas, o direito de escravidão é nulo, não somente porque é ilegítimo, mas porque é absurdo e não tem qualquer significado. Palavras como *escravidão* e *direito* são contraditórias, excluem-se mutuamente. Seja de um homem a um homem, seja de um homem a um povo, um discurso como este será sempre igualmente insensato: "Faço contigo uma convenção toda em meu benefício e onde todos os encargos são teus, e que eu observarei, enquanto me aprouver, e que tu observarás, enquanto eu quiser."

[O PACTO SOCIAL]

Do contrato social. Trad. Maria Constança Peres Pissarra. Petrópolis, Vozes, 1995. livro I, cap. V-VI, p. 77-80.

I

Ainda que estivesse de acordo com tudo o que refutei até agora, os defensores do despotismo não estariam em melhor condição. Haverá sempre uma grande diferença entre subjugar uma multidão e governar uma sociedade.

Não vejo nada além de um senhor e escravos, e de forma alguma vejo um povo e seu chefe, quando homens dispersos, qualquer que seja o número, são sucessivamente submetidos a um único homem. Caso se queira, trata-se de uma agregação, mas não de uma associação; não existe aí nem bem público nem corpo político. [...]

Se não houve de fato convenção anterior, em que se basearia a obrigação da minoria de se submeter à vontade da maioria — a não ser que a eleição fosse unânime — e como cem que querem um senhor têm o direito de votar por dez que absolutamente não o querem? A lei da pluralidade dos sufrágios é em si mesma um estabelecimento de convenção e supõe a unanimidade pelo menos uma vez.

II

Suponhamos que os homens chegaram a esse ponto, em que os obstáculos que atrapalham sua conservação no estado de natureza agem por meio de sua resistência sobre as forças que cada indivíduo pode empregar para se manter nesse estado. Então, esse estado primitivo não pode mais subsistir, e o gênero humano pereceria, se não mudasse sua maneira de ser.

Ora, como os homens não podem engendrar novas forças, mas apenas unir e dirigir as que já existem, não têm outra forma de se conservar, a não ser formar por agregação um somatório de forças que possa agir sobre a resistência, movido por um único interesse e agindo em conjunto. [...]

"Encontrar uma forma de associação que defenda e proteja a pessoa e os bens de cada associado de toda a força comum, e pela qual cada um, unindo-se a todos, só obedeça a si mesmo, permanecendo tão livre quanto antes". Esse é o problema fundamental que o contrato social soluciona. [...]

Enfim, dando-se cada um a todos, não se dá a ninguém, e como não haverá nenhum associado sobre o qual não se adquira o mesmo direito que se cedeu, ganha-se o equivalente a tudo que se perde e mais força para se conservar aquilo que se tem.

Se, afinal, retira-se do pacto social aquilo que não pertence à sua essência, veremos que ele se reduz aos seguintes termos: *cada um põe em comum sua pessoa e todo seu poder sob a suprema direção da vontade geral; e, como corpo, recebe-se cada membro como parte indivisível do todo.*

Imediatamente, esse ato de associação produz, no lugar da pessoa particular de cada contratante, um corpo moral e coletivo, composto de tantos membros quantas vozes tenha a assembléia, que recebe desse mesmo ato sua unidade, seu eu comum, sua vida e sua vontade. Essa pessoa pública, que se forma assim pela união de todas as outras, antigamente tinha o nome de *Cidade* e hoje o de *República*, ou de *corpo político*, que, quando é passivo, é chamado por seus membros de *Estado*, quando é ativo, de *Soberano*, e, quando em comparação com seus pares, de *Potência*. Quanto aos associados, tomam coletivamente o nome de *povo* e particularmente chamam-se de *Cidadãos*, quando participantes da autoridade soberana, e *Súditos*, quando submetidos às leis do Estado.

[A SOBERANIA]

Do contrato social. Trad. Maria Constança Peres Pissarra. Petrópolis, Vozes, 1995. livro I-II, cap. VII- VIII, p. 81-91.

I

Mas, existindo o corpo político ou o Soberano apenas pela integridade do contrato, não pode absolutamente obrigar-se a nada que se oponha a esse ato primitivo, mesmo que em relação a outrem, tal como alienar uma parte de si mesmo ou se submeter a outro Soberano. Violar o ato pelo qual existe seria anular-se, e, aquilo que não é nada, não produz nada.

[...] de forma que quem recusar obedecer à vontade geral será obrigado a isso por todo corpo: o que não significa outra coisa a não ser que será forçado a ser livre.

II

Vamos reduzir todo esse balanço a termos fáceis de comparação. O que o homem perde com o contrato social é sua liberdade natural e um direito ilimitado a tudo que o tenta e que pode alcançar; o que ganha é a liberdade civil e a propriedade de tudo o que possui. Para que não haja engano nessas compensações é necessário distinguir a liberdade natural, que só tem como limites as forças do indivíduo, da liberdade civil, que é limitada pela vontade geral, e a posse, que nada mais é que a força ou o direito do primeiro ocupante, da propriedade que só pode estar fundada num título positivo.

III

A primeira e mais importante conseqüência dos princípios até aqui estabelecidos é que só a vontade geral pode dirigir as forças do Estado, segundo o objetivo de sua instituição, que é o bem comum, porque, se a oposição dos interesses particulares tornou necessário o estabelecimento das sociedades, é o acordo desses mesmos interesses que a tornou possível. [...]

Afirmo então que, nada mais sendo a soberania que o exercício da vontade geral, não pode alienar-se, e que o soberano, que é apenas um ser coletivo, só pode ser representado por ele mesmo: o poder pode muito bem ser transmitido, mas não a vontade.

IV

A soberania é inalienável, pela mesma razão que é indivisível, uma vez que a vontade ou é geral, ou não, ou é aquela do corpo do povo ou somente a de uma parte.

V

A partir dessa reflexão, pode-se afirmar que a vontade geral está sempre certa e tende à utilidade pública; mas não se pode dizer que as deliberações do povo tenham sempre a mesma retidão. Sempre se deseja o próprio bem, mas nem sempre ele é encontrado: nunca se corrompe o povo, mas freqüentemente este é enganado, e somente então ele parece querer o mal. [...]

Para que a vontade geral possa manifestar-se plenamente, é preciso que não haja sociedade parcial no Estado e que cada Cidadão só opine depois daquela.

[A LEI]

Do contrato social. Trad. Maria Constança Peres Pissarra. Petrópolis, Vozes, 1995. livro II, cap. VI-VII, p. 97-100.

I

Mas quando todo o povo legisla sobre todo o povo, só considera a si mesmo, e se por acaso se estabelece uma relação, é do objeto inteiro, sob um ponto de vista, com o objeto inteiro, sob outro ponto de vista, sem nenhuma divisão do todo. Então, a matéria sobre a qual legisla é geral, da mesma forma que a vontade que legisla. É a esse ato que chamo lei.

II

Para descobrir as melhores regras de sociedade que convêm às Nações seria necessário uma inteligência superior, que visse todas as paixões dos homens e não experimentasse nenhuma delas, que não tivesse nenhuma relação com nossa natureza e a conhecesse profundamente, cuja felicidade fosse independente de nós e que no entanto quisesse ocupar-se conosco; enfim, que no desenrolar dos tempos, ocupando-se de uma glória distante, pudesse trabalhar num século e usufruí-la no outro. Seriam necessários Deuses para dar leis aos homens. [...]

Aquele que ousa empreender a instituição de um povo deve sentir-se em condição de mudar, por assim dizer, a natureza humana; de transformar cada indivíduo que por si mesmo é um todo perfeito e solitário, em uma parte de um todo maior, do qual esse indivíduo recebe de alguma forma sua vida e seu ser; de alterar a constituição do homem para reforçá-la; de substituir, por uma existência parcial e moral, a existência física e independente que todos nós recebemos da natureza. Em uma palavra, é necessário que destitua o homem de suas próprias forças para lhe dar outras que lhe são estranhas e das quais não pode fazer uso sem a ajuda de alguém. [...]

III

Sob todos os aspectos, o Legislador é um homem extraordinário no Estado. Se deve sê-lo pelo gênio, não o é menos pela sua função. Não se trata de magistratura, menos ainda de soberania.

[GOVERNO]

Do contrato social. Trad. Maria Constança Peres Pissarra. Petrópolis, Vozes, 1995. livro III-IV, cap. I, p. 115.

I

O que é então o Governo? Um corpo intermediário estabelecido entre súditos e o Soberano, para sua mútua correspondência, encarregado da execução das leis e da manutenção da liberdade, tanto civil quanto política.

Os membros desse corpo chamam-se *Magistrados* ou *Reis*, ou seja, *Governadores*, e o corpo como um todo tem o nome de *Príncipe*. Assim, têm razão aqueles que afirmam que o ato pelo qual um povo se submete aos chefes não é de forma alguma um contrato. Sendo a alienação de tal direito incompatível com a natureza do corpo social e contrária ao objeto da associação, nada mais é que uma comissão, um emprego no qual simples oficiais do Soberano exercem em seu nome o poder do qual ele os fez depositários, e que ele pode limitar, modificar e retomar, quando quiser.

Chamo então *Governo* ou suprema administração o exercício legítimo do poder executivo, e de Príncipe ou magistrado o homem ou o corpo encarregado dessa administração.

[RELIGIÃO CIVIL]

Do contrato social. Trad. Maria Constança Peres Pissarra. Petrópolis, Vozes, 1995. livro IV, cap. VIII, p. 187-188.

O direito que o pacto social dá ao soberano sobre os súditos não ultrapassa — como já disse — os limites da utilidade pública. Portanto, os súditos só devem satisfação de suas opiniões ao Soberano enquanto interessam apenas à comunidade. Ora, é importante para o Estado que cada Cidadão tenha uma Religião que o faça amar seus deveres; mas os dogmas dessa Religião só interessam ao Estado e a seus membros quando esses dogmas dizem respeito à moral e aos deveres que aquele que a professa é obrigado a preencher em relação a outrem. Quanto ao restante, cada um pode ter as opiniões que lhe aprouver, sem que o Soberano tenha que conhecê-las: como não tem competência sobre o outro mundo, qualquer que seja a sorte dos súditos na outra vida não é assunto seu, desde que sejam bons cidadãos nesta.

Há então uma profissão de fé puramente civil cujos artigos compete ao Soberano fixar, não exatamente como dogmas de Religião, mas como princípios de sociabilidade, sem os quais é impossível ser bom Cidadão ou súdito fiel.

[LEGISLADOR]

"Considerações sobre o governo da Polônia e sua reforma projetada". *Oeuvres complètes* – Bibliotèque de la Plèiade. Paris, Éditions Gallimard, 1964. vol. III, p. 956-959.

Quando lemos a história antiga, acreditamo-nos transportados para um outro universo e em meio a seres. O que têm em comum os franceses, os ingleses, os russos, com os romanos e os gregos? Nada quase além da aparência. As fortes almas destes últimos parecem aos outros exageros da história. Como é que eles, que se sentem tão pequenos, pensariam que houve tão grandes homens? Entretanto, eles existiram e eram humanos como nós: o que é que nos impede de sermos homens como eles? Nossos preconceitos, nossa baixa filosofia e as paixões de pequeno interesse, concentradas com o egoísmo em todos os corações por instituições ineptas que o gênio nunca ditou.

Olho as nações modernas: nelas vejo com muito custo fazedores de leis e não um legislador. Entre os antigos, vejo três principais que merecem uma atenção particular: Moisés, Licurgo e Numa. [...]

O mesmo espírito guiou todos os antigos Legisladores em suas instituições. Todos procuraram laços que prendessem os cidadãos à pátria e uns aos outros, e os encontraram em usos particulares, nas cerimônias religiosas que por sua natureza eram sempre exclusivas e nacionais (vejam o fim do *Contrato social*), em jogos que reuniam os cidadãos em exercícios que aumentavam com seu vigor e suas forças seu orgulho e a estima deles mesmos, em espetáculos que, lembrando deles a história de seus ancestrais, seus males, suas virtudes, suas vitórias, interessavam seus corações, inflamavam-nos com uma viva emulação e os afeiçoavam fortemente a essa pátria com a qual estavam sempre ocupados. Assim são as poesias de Homero recitadas aos gregos solenemente reunidos, não em cofres, sobre pranchas do palco e com o dinheiro na mão, mas ao ar livre e em corpo de nação, são as tragédias de Ésquilo, de Sófocles e de Eurípedes, freqüentemente representadas diante deles, assim são os prêmios com que, sob as aclamações de toda a Grécia, coroavam-se os vencedores nos seus jogos, os quais, abrasando-os continuamente de emulação e de glória, levaram sua coragem e suas virtudes a esse grau de energia de que nada hoje nos dá a idéia e que não cabe nem mesmo aos modernos acreditar. Se têm leis é unicamente para ensinar-lhes a bem obedecer a seus senhores, a não bater carteiras e dar muito dinheiro aos ladrões públicos. Se têm esses usos é para saber divertir a ociosidade das mulheres galantes e exibir a sua com graça. Se eles se reúnem é nos templos para um culto que não tem nada de nacional, que em nada lembra a pátria e que é quase escarnecido; é em salas bem fechadas e a preço de dinheiro, para verem em teatros afeminados, dissolutos, onde só se sabe falar a não ser de amor, declamar histrionices, coquetear prostitutas e para aí tomar lições de corrupção, as únicas que resultam de todas as que se aparentam dar; é em festas em que o povo, sempre desprezado, nunca tem influência, em que a repreensão e a aprovação públicas não produzem nada; é em balbúrdias licenciosas, para aí fazer ligações secretas, para aí procurar os prazeres que separam, isolam mais os homens e depravam mais os corações. São estes os estimulantes para o patriotismo? Podemos nos espantar que maneiras de viver tão díspares produzam efeitos tão diferentes e que os modernos não reencontram mais nada em si mesmos desse vigor de alma que tudo inspirava aos antigos? Perdoai essas digressões, por um resto de calor que reanimastes. Volto com prazer àquele de todos os povos de hoje que me distancia menos daquilo que acabo de falar.

Cartas escritas da montanha

[LIBERDADE]

Cartas escritas da montanha. Carta VIII, p. 239-240.

Pode-se tentar confundir a independência e a liberdade, mas são duas coisas tão diferentes que mesmo elas se excluem mutuamente. Quando cada um faz aquilo que lhe agrada, freqüentemente faz o que desagrada aos outros, e a isso não se chama um Estado livre. A liberdade consiste menos em fazer sua vontade do que submeter-se à dos outros; consiste, ainda, em não submeter a vontade de outrem à nossa. Quem quer que seja mestre, não pode ser livre: reinar é obedecer.

[...] Um povo livre obedece, jamais serve; tem chefes, não senhores. Obedece às leis, mas apenas às leis e é pela força das leis que ele não obedece aos homens.

BIBLIOGRAFIA

OBRAS DE ROUSSEAU EM FRANCÊS

GAGNEBIN, B.; RAYMOND, M. (org.). Ueuvres complètes – Bibliothèque de la Pléiade. Paris, Gallimard, 1964. 5 v.

OBRAS DE ROUSSEAU EM PORTUGUÊS

A nova Heloísa. Trad. Fulvia M. L. Moretto. São Paulo, Hucitec e Editora da Unicamp, 1994.

As confissões. Trad. Rachel de Queiroz. São Paulo, Athena Editora; 2 ed. 2 v. 1959.

As confissões. Trad. Wilson Lousada. São Paulo, José Olympio, 1948.

Carta a d'Alembert. Trad. Roberto Leal Ferreira. Campinas, Editora da Unicamp, 1993.

Cartas a Christophe de Beaumont; Cartas a Malesherbes; Carta de J.-J. Rousseau ao Senhor de Voltaire; Cartas Morais; Carta ao Senhor de Franquières; Fragmentos sobre Deus e sobre a Revelação; apêndice: Carta Pastoral de Christophe de Beaumont Arcebispo de Paris. Organização de José Oscar de Almeida Marques. Tradutores: Adalberto Luis Vicente, Ana Luiza Silva Carani, José Oscar de Almeida Marques, Maria Cecília Queiroz de Moraes Pinto. São Paulo, Estação Liberdade, 2005.

Considerações sobre o governo da Polônia e sua reforma projetada. Trad. Luiz Roberto Salinas Fortes. São Paulo, Brasiliense, 1982.

Discurso sobre a origem da desigualdade entre os homens. Trad. Lourdes Santos Machado. São Paulo, Abril Cultural, 1978.

Discurso sobre a origem e os fundamentos da desigualdade entre os homens. Trad. Iracema Gomes Soares e Maria Cristina Nagle; apresentação e notas de Jean-François Braunstein. Brasília, Editora Universidade de Brasília, 1985.

Discurso sobre as ciências e as artes. Trad. Lourdes Santos Machado. São Paulo, Abril Cultural, 1978.

Discurso sobre a economia política. Trad. Maria Constança Peres Pissarra. Petrópolis, Vozes, 1995.

Do contrato social. Trad. Maria Constança Peres Pissarra. Petrópolis, Vozes, 1995.

Emílio ou da educação. Trad. Roberto Leal Ferreira. São Paulo, Martins Fontes, 1999.

Emílio ou da educação. Trad. Sérgio Milliet. Rio de Janeiro, Bertrand Brasil, 1995.

Emile e Sophie ou Os solitários. (edição bilíngüe). Porto Alegre, Paraula/Aliança Francesa de Florianópolis/Serviço Cultural da Embaixada Francesa, 1994.

Ensaio sobre a origem das línguas. Trad. Fulvia M. L. Moretto. Campinas, Editora da Unicamp, 1998.

Júlia ou a Nova Heloísa. Tradução e introdução de Fulvia Moretto. São Paulo-Campinas: Hucitec/Editora da Unicamp, 1994.

O contrato social; Discurso sobre as ciências e as artes; Discurso sobre a origem e os fundamentos da desigualdade entre os homens; Ensaio sobre a origem das línguas. Trad. Lourdes Santos Machado. São Paulo, Nova Cultural, 1997. (Os Pensadores).

Os devaneios do caminhante solitário. Trad. Fulvia M. L. Moretto. Brasília, Editora da Universidade de Brasíllia, 1986.

OBRAS SOBRE ROUSSEAU EM PORTUGUÊS

CASSIRER, Ernst. *A questão Jean-Jacques Rousseau.* São Paulo, Unesp, 1999.

DELLA VOLPE, Galvano. *Rousseau e Marx. A liberdade igualitária.* 4. ed. Lisboa, Edições 70, 1982.

GROSRICHARD, A. *Educação e política em Rousseau.* In: Almanaque nº 11, São Paulo, Brasiliense, 1980.

MACHADO, Lourival Gomes. *Homem e sociedade na teoria política de Jean-Jacques Rousseau.* São Paulo, Livraria Martins Editora. Edusp, 1968.

Mattos, Olgária. *Rousseau: uma arqueologia da desigualdade*. São Paulo, M. G. Editores Associados, 1978.

Prado Jr., Bento. Gênese e estrutura dos espetáculos. *Estudos Cebrap*. São Paulo, n. 14, out.-dez., 1975, p. 7-34.

---. *Lecture de Rousseau*. Discurso n. 3. São Paulo, Polis, 1972.

---. *Romance, moral e política no século das luzes*: o caso de Rousseau. Discurso n. 17. São Paulo, Polis, 1988.

Salinas Fortes, Luiz R. *Rousseau: da teoria à prática*. São Paulo, Ática, 1976.

---. *Rousseau: o bom selvagem*. São Paulo, FTD, 1996.

---. *O paradoxo dos espetáculos*. São Paulo, Discurso Editorial, 1997.

Starobinski, Jean. *A invenção da liberdade*: 1700-1789. São Paulo, Editora da Universidade Estadual Paulista, 1994. (Col. Studium)

---. *Rousseau: a transparência e o obstáculo seguido de sete ensaios sobre Rousseau*. São Paulo. Companhia das Letras, 1991.

Obras sobre Rousseau em outras línguas

Baczko, Bronislaw. *Rousseau: solitude et communnauté*. Paris, Mouton-La Haye, 1974.

Burgelin, P. *La Philosophie de l'Existence de Jean-Jacques Rousseau*. Paris, PUF, 1952.

Derathé, Robert J. J. *Rousseau et la science politique de son temps*. Paris, PUF, 1979.

Goldschmidt, Victor. *Anthropologie et politique*: Les principes du système de Rousseau. Paris, J. Vrin, 1974.

Launay, M. *Rousseau: Écrivain Politique. Grenoble*: Sel-Acer, 1971 (2a. edição, Gnève/Paris, Slaktine, 1989).

Trousson, Raymond; Eigeldinger, Frédéric. *Dictionnaire de Jean-Jacques Rousseau*. Paris, Honoré Champion, 1996.

Vaughan, C. E. *Studies in the History of Political Philosophy before and after Rousseau (1925)*. New York, Russell & Russell, 1960.